DIE KAFFEE BIBEL

VOM ANBAU BIS ZUR PERFEKTEN TASSE KAFFEE

ANNEMARIE WIEDEMANN

INHALTSVERZEICHNIS

EINFÜHRUNG

Kaffee ist eine Erfolgsgeschichte und noch heute gilt er in Deutschland als das beliebteste Getränk: Auf jeden Deutschen lässt sich ein jährlicher Konsum von ca. 162 Liter rechnen. Weltweit werden jeden Tag 2,25 Milliarden Tassen Kaffee getrunken. Für die einen bringt der Kaffee den Energieschub am Morgen oder zur Mittagszeit. Für andere bedeutet er Gemütlichkeit und Geselligkeit nach dem Mittagessen oder am Nachmittag. Das beliebte Heißgetränk hat eine über tausend Jahre alte Geschichte vorzuweisen. Schon um seinen Ursprung ranken sich verschiedene Mythen. Die Verbreitung des Kaffees folgte mehrere Hundert Jahre nach seiner ersten Erwähnung. Jedes Land, in das man den Kaffee exportierte, eroberte er im Sturm. Selbst Verbote unter Androhung von Strafen konnten den Kaffeekonsum nicht aufhalten. Das belebende Heißgetränk hielt Einzug in sämtliche Gesellschaftsschichten und prägte die Kultur von Kaffeehäusern, in denen die unterschiedlichsten Menschen aufeinandertrafen. Im Laufe der Zeit kamen immer wieder neue Zubereitungsarten und Trends hinzu. Bis heute ist der Kaffee aus dem Alltag nicht mehr hinwegzudenken.

DIE GESCHICHTE DES KAFFEES

Wer den ersten Kaffee gebrüht hat, lässt sich heute nicht mehr nachvollziehen. Weitgehend besteht Einigkeit darüber, dass die Kaffeepflanze aus dem damaligen Abessinien, dem heutigen Äthiopien stammt. In dessen Region Kaffa wurde das Heißgetränk auch 900 n. Chr. erwähnt. Es ranken sich verschiedene Legenden um dessen Erfindung. Am bekanntesten ist die Geschichte von Hirten, die bemerkten, dass einige Ziegen sich plötzlich ungewöhnlich verhielten. Sie waren munter und blieben lange wach, nachdem sie von einem Strauch mit roten Früchten gefressen hatten. Der Rest der Herde hingegen verhielt sich ganz normal und wurde wie gewohnt müde. Als die Hirten ansässige Mönche um Rat fragten, untersuchten diese die Weide und fanden die Sträucher mit den Früchten. Einer von ihnen probierte eine rote Frucht und stellte selbst eine belebende Wirkung fest. Aus dieser Erkenntnis entstand der erste Kaffee, für den die sog. Kaffeekirschen und Blätter mit heißem Wasser aufgegossen wurden. Fortan konnten die Mönche länger wach bleiben und beten. Diese Geschichte wurde übrigens vom Maronitenmönch und

Philologieprofessor Antonius Faustus Naironus im Jahre 1671 in „De saluberrima potione cahve" zu Papier gebracht. Eine andere Erzählung handelt von einem Hirten, der die Kaffeekirschen selbst probierte. Der Geschmack der Früchte war jedoch so bitter, dass er sie ins Feuer warf. Dadurch wurden die Früchte geröstet und verströmten ein angenehmes Aroma. Als der Hirte die gerösteten Früchte mit Wasser aufgoss, erfand er nicht nur die geröstete Kaffeebohne, sondern auch den Kaffee selbst. Die beiden Erzählungen rund um die Hirten gibt es in zahlreichen Abwandlungen. Teilweise werden sie auch miteinander vermischt. Nach einer dritten Legende soll der Prophet Mohammed im 6. Jahrhundert den Kaffee vom Erzengel Gabriel während einer Krankheit erhalten haben. Nachdem er ihn getrunken hatte, fühlte er sich gestärkter und vitaler als je zuvor. Wer wirklich der Erfinder des Kaffees ist, wurde nie dokumentiert. Denkbar ist, dass Heilkundige aus der Gegend von Abessinien die Früchte schon lange vorher verwendet haben. Über die Heilverfahren gibt es aber keinerlei Aufzeichnungen.

Spätestens im 14. Jahrhundert gelangte der Kaffee nach Arabien. Wahrscheinlich hatten Sklavenhändler ihn dorthin mitgebracht. Allerdings gibt es Hinweise darauf, dass der Kaffee schon früher dorthin gelangt ist. Bereits im 11. Jahrhundert soll der Gelehrte Ibn Sina, auch bekannt als Avicenna, der berühmteste Gelehrte und Wissenschaftler des islamischen Kulturkreises, ein Heilmittel aus Jemen beschrieben haben, dessen Hauptbestandteil wohl Kaffee war. Der Name war Bunchum, was aus dem arabischen Wort „Bunn" hervorgeht. Dieses beschrieb ursprünglich den Kaffee selbst und die Kaffeepflanze. Laut einer anderen Quelle handelte es sich dabei um eine Art Energieriegel, die den Sklaven gegeben wurden, um ihre Leistungsfähigkeit zu steigern.

Bereits im Jahre 1454 soll es in Jemen etwas Ähnliches wie Kaffeeplantagen gegeben haben. Der Scheich Gemaleddin, Mufti zu Aden soll Samen aus den Bergen geholt und pflanzen lassen haben. Anbauversuche soll es auch schon früher durch jemenitische Händler gegeben haben, da die roten Früchte auf den Reisen nur allzu schnell verdarben. Die Hafenstadt Mokka am Roten Meer war ein wichtiger Umschlagplatz. Mokka bezeichnet auch die bis heute noch gängige Kaffeezubereitung, bei welcher pulverartig fein-gemahlenes Kaffeepulver und heißes Wasser mithilfe eines Mokkakännchens aufgegossen werden, das auch Ibrik genannt wird.

In Arabien verbreitete sich der Kaffee vermutlich über Mekka- und Medina-Pilger weiter. Qahwah wurde das Getränk dort getauft, was aus der altarabischen Sprache stammt und so viel wie „das Erregende" bedeutet. Man sagte auch, „Wein des Islam", da Muslime keinen Wein trinken dürfen, der Kaffee aber eine ebenso ermunternde Wirkung hat. Obgleich die Wirkung natürlich anders ist. Das neue Getränk bot eine willkommene Abwechslung zum üblichen Tee. Man geht allerdings davon aus, dass sich die Zubereitungsart noch sehr von der heute bekannten unterschied. Laut eines Manuskripts von Abd-al-Kefir 1587, das sich auf die Aufzeichnungen eines Mannes namens Shihab-ad-Din beziehen, lässt sich grob schätzen, dass die Araber bereits seit dem 15. Jahrhundert Kaffee tranken. Ihnen oblag auch eine Monopolstellung beim Kaffeehandel, insbesondere Jemen. Handelspartner sollen sie aber nur mit heißem Wasser übergossene rohe Bohnen verkauft haben, damit die Bohnen keimunfähig wurden und anderswo keine Pflanzen kultiviert werden konnten. Später entstanden Kaffeehäuser in Kairo, Damaskus und Aleppo, die auch als Schule der Weisen bezeichnet wurden.

Der Kaffee wurde dort wahrscheinlich mithilfe von gerösteten und zerstampften Bohnen, gekochtem Wasser und Zucker zubereitet. In den Kaffeehäusern trafen u. a.

Gelehrte aufeinander, die dort diskutierten und philosophierten. Dies missfiel nicht nur Herrschenden. Auch streng gläubige Muslime lehnten Kaffee aufgrund seiner berauschenden Wirkung ab. Über Mekka und Medina gelangte der Kaffee ins ägyptische Kairo. Durch die starke Ausdehnung des osmanischen Reiches drang er schließlich ab 16. Jahrhundert in die Gebiete Ägypten, Kleinasien, Südosteuropa und Syrien vor. Wo der Kaffee auch hingelangte, so wurde er überall geschätzt. Unter Sultan Murad IV. wurde Kaffee 1633 wie Opium, Wein und Tabak verboten und Kaffeehäuser mussten schließen. Wer sich widersetzte, wurde hingerichtet. Doch das sollte dem Erfolg des Kaffees keinen Abbruch tun. Die Menschen konsumierten ihn heimlich weiter. Im Osmanischen Reich wurde Kaffee erst 1839 im Rahmen der sog. Tanzimat-Periode, einer durch Reformen geprägten Epoche, anerkannt.

Im 17. Jahrhundert sollen venezianische Kaufleute Kaffee nach Europa gebracht haben. Zuvor hatte bereits der Augsburger Arzt Leonhard Rauwolf über den Kaffee berichtet, den er 1573 in Aleppo kennengelernt hatte. „Chaube" wurde das Heißgetränk dort genannt. Der italienische Arzt und Botaniker Prosper Alpinus hatte die Kaffeepflanze selbst in „De medicina Aegyptiorum" im Jahre 1591 beschrieben.

Der Kaffee fand gerade bei der europäischen Oberschicht schnell reißenden Absatz. Es entstanden Kaffeehäuser in Handelsstädten wie Venedig, Marseille, Oxford, London und Paris. In London sollten besonders rund um die Börse London Stock Exchange rasch weitere Kaffeehäuser entstehen, die insbesondere von Kaufleuten und Börsenmaklern aufgesucht wurden. Bei Katholiken hingegen wurde das Getränk der Muslime zunächst mit Argwohn betrachtet, bis Papst Clemens VIII. es selbst probiert und für gut befunden haben soll. Am Hof des französischen Sonnenkönigs Ludwig XIV. und dessen Nachfolger Ludwig XV. wurde Kaffee besonders gerne getrunken. Es folgten Kaffeehäuser in Deutschland, darunter in Bremen und Hamburg, später in Regensburg, Leipzig, Würzburg und Berlin. Auch in Europa wurde der Kaffeegenuss nicht überall gerne von den Herrschern gesehen. Im Jahre 1675 wollte der englische König Charles II. Kaffee verbieten. Er hatte jedoch keinen Erfolg. Friedrich der Große erließ ab 1766 in Preußen zunächst ein Verbot über den Handel und Import und später auch über die Röstung in privaten Haushalten. Der Handel und Ausschank mit Kaffee sollte allein dem preußischen Staat obliegen, um Gelder für die Staatskasse zu gewinnen und vor allem um dem Abfluss des Kapitals entgegenzuwirken. Eine Truppe aus invaliden Soldaten wurde sogar allein dafür bestellt, illegale Röstereien ausfindig zu machen. Es handelte sich dabei um sog. Kaffee-Schnüffler, die auf den typischen Röstgeruch achten sollten. Doch all die Maßnahmen schafften es auch in Deutschland nicht, den Kaffee zu stoppen. Schließlich führte man anstatt eines Verbots hohe Zölle und Steuern ein.

Eine besondere Kaffeekultur entwickelte sich auch in Österreich. Laut des Piaristen Gottfried Uhlich soll ein polnischer Geschäftsmann namens Georg Franz Kolschitzky das erste Kaffeehaus in Wien eröffnet haben. Dieser war als Kundschafter im Kampf gegen die Belagerung Wiens durch das türkische Heer beteiligt. Nach dem Sieg gegen die Türken soll er mit einigen hundert erbeuteten Säcken Kaffee entlohnt worden sein. So sei das erste Kaffeehaus entstanden. Diese Geschichte gilt heute jedoch als äußerst umstritten. Tatsächlich soll der armenische Handelsmann Johannes Theodat Besitzer des ersten Kaffeehauses gewesen sein.

Die Vormachtstellung für den europäischen Kaffeehandel sicherten sich die Vereinigten Niederlanden, welche die Kaffeepflanze in ihren Kolonien kultivierten. Dies geschah unter Joan van Hoorn, dem Generalgouverneur von Niederländisch-Indien. Die ersten niederländischen Kaffeeplantagen sollen bereits im Jahr 1616 in Malaba in Indien entstanden sein. Den Niederländern war es nämlich scheinbar als Erstes gelungen, fruchtbare Kaffeepflanzen aus Jemen zu verschiffen, obwohl zu dieser Zeit nur unfruchtbare Bohnen verkauft wurden, um die Verbreitung der Pflanzen zu vermeiden und die eigene Handelsstellung zu garantieren. Die ersten Kaffeepflanzen auf europäischem Boden wurden in botanischen Gärten der Niederlande, u. a. in Amsterdam kultiviert. Im 17. Jahrhundert erfanden die Niederländer den Cold Grip Coffee oder auch Dutch Coffee. Bei dieser Variante wird der Kaffee von Anfang an über mehrere Stunden lang mit kaltem Wasser aufgegossen. Er wurde später angeblich besonders gerne auf Reisen in die Kolonien zubereitet, wenn es keinen Zugang zu Elektrizität gab. Auch andere Länder wie Frankreich und Portugal verbreiteten die Kaffeepflanze in ihren Kolonien. Auf den spanischen Plantagen in Brasilien ließ man afrikanische Sklaven arbeiten. Ende des 17. Jahrhunderts gelang es, Kaffeepflanzen auch in Treibhäusern zu pflanzen.

Zunächst galt Kaffee in Europa als ein Genussmittel der Oberschicht. Zu Zeiten der Industrialisierung, als Arbeiter noch einen Arbeitstag von bis zu 16 Stunden in Fabriken bewältigen mussten, erfreute sich das Getränk mit seiner stimulierenden und anregenden Wirkung auch bei ihnen zunehmender Beliebtheit. Durch den Massenanbau in Südamerika und einer steigenden Kaufkraft war es schließlich nicht mehr nur den reichen Leuten vorbehalten. So wurde der Kaffee zu einer willkommenen Alternative zum üblichen Bier. Seit dem Mittelalter galt Bier als das einzige keimfreie und haltbare Getränk, was an seinem niedrigen pH-Wert, der Kohlensäure und dem Alkoholgehalt lag. Das Wasser, das aus dem Brunnen geschöpft wurde, war hingegen häufig verschmutzt und machte die Menschen krank. Bier wurde damals auch Kindern und Schwangeren gegeben. Allerdings schmeckte es anders, als man es heute gewohnt ist und der Alkoholgehalt war deutlich niedriger. Seit dem 16. Jahrhundert ernährten sich die Menschen u. a. von Biersuppe. Diese Suppe wurde mit altbackenem Brot und meist mit Leckbier,

also Resten von Bierschaum oder Dünnbier zubereitet und allen gesellschaftlichen Schichten vorgesetzt. Die Suppe galt als ausgesprochen nahrhaftes Frühstück, machte aber zugleich müde. Mit der Verbreitung des Kaffees entstand die Kaffeesuppe, die aus Kaffeeresten, Brot, Getreide und Milch gekocht wurde. Die Kaffeesuppe brodelte den ganzen Tag lang über einem Feuer und wurde üblicherweise als Frühstück eingenommen. Diese Suppe machte im Gegensatz zur Biersuppe wach und konnte sich so als geeignetere Frühstücksvariation durchsetzen. Die zunehmende Beliebtheit des Kaffees war also auch den Bierbrauereien ein Dorn im Auge. Auch wenn die Arbeiterschicht zunehmend einfacher an das einstige Luxusgut herankam, blieb der Kaffee etwas Besonderes. So wurde er früher zu speziellen Anlässen auf Kaffeegeschirr, bestehend aus Tassen, Untertassen, Kaffeekanne, Milchkanne und Zuckerdose serviert. Bauern- und Arbeiterfamilien besaßen aber üblicherweise bis zum 20. Jahrhundert kein solches Geschirr.

Einen etwas skeptischen Blick auf den Kaffee hatten möglicherweise Johann Sebastian Bach und Carl Gottlieb Hering, obgleich Bach selbst in Kaffeehäusern verkehrte. In seiner Kaffee-Kantate mit dem Titel „Schweigt stille, plaudert nicht" verwendete Bach etwa die Dichtung seines Freundes Christian Friedrich Henrici, in der ein Vater seiner Tochter die Unsitte des Kaffeetrinkens abgewöhnen möchte. In Herings Lied „C-a-f-f-e-e" wird ebenfalls ein zu starker Kaffeekonsum angeprangert, der schlecht für die Gesundheit sei. Auf der anderen Seite schrieb er das „ Loblied auf den Kaffee für Frauenzimmer". Ein großer Gegner schien Hering also auch nicht gewesen zu sein. Laut einer weit verbreiteten Anekdote soll auch der schwedische Gustav der III. (1746-1792) Bedenken gehabt haben. Aus diesem Grund soll das berühmte Kaffee-Experiment veranstaltet worden sein. Dabei mussten zwei zum Tode verurteilte Zwillinge täglich ein Getränk konsumieren. Der eine bekam Kaffee, der andere Tee. Das Experiment sollte durch Ärzte überwacht werden. Sowohl die Ärzte, als auch Gustav der III. selbst sollten jedoch noch vor den Zwillingen versterben. Der Teetrinker sei angeblich zuerst im Alter von 83 Jahren verstorben.

Während Kaffee ursprünglich vor allem von Männern in Kaffeehäusern konsumiert wurde, entwickelte sich wohl ab dem 17. Jahrhundert das Pendant dazu. Das Kaffeekränzchen oder Damenkränzchen beschreibt eine Zusammenkunft von Frauen, vergleichbar mit dem ursprünglich von Männern dominierten Stammtisch. In Kaffeehäusern hingegen wurde Damen der Eintritt zwar nicht überall verwehrt, allerdings schickte es sich nicht, dort ohne eine männliche Begleitung aufzutauchen. Das Kaffeehaus war typischerweise den Herren vorbehalten.

Im Jahr 1898 wurde im Tiefland von Kongo eine neue Kaffeesorte entdeckt: Robusta. Diese stellte sich im Anbau als deutlich robuster heraus als die bis dato geschätzte Arabica, leichter anzubauen und unempfindlicher gegenüber Krankheiten. Bis heute gilt sie als zweitwichtigste Sorte und wird insbesondere zur Espresso-Zubereitung genutzt.

Seit dem 20. Jahrhundert wurde Kaffee als industrielles Fertigprodukte hergestellt. Ursprünglich sollte dies vor allem der Versorgung von Soldaten dienen. In diesem Jahrhundert sollten sich auch die Zubereitungsarten des Kaffees weiterentwickeln. 1900 wurde der Espresso in Mailand populär und ein Jahr später bereits die erste Espressomaschine entwickelt. Die Zubereitung, bei welcher heißes Wasser mit starkem Druck durch Kaffeepulver gepresst wird, ließ sich 1938 Giovanni Achille Gaggia patentieren. Die österreichischen Soldaten brachten im ersten

Weltkrieg den Cappuccino nach Italien. Das Getränk „Kapuziner" bestand aus Mokka-Kaffee mit Schlagsahne und erinnerte mit seiner hellbraunen Färbung an die Ordens-Tracht eines Kapuziner-Mönches. Aus diesem Rezept sollen die Italiener den bekannten Cappuccino entwickelt haben, dessen Grundlage inzwischen ein Espresso bildet. Der japanische Wissenschaftler Satori Kato aus Chicago präsentierte im Jahr 1901 öffentlich den ersten Instantkaffee. Löslichen Kaffee hatten jedoch bereits ein Franzose Alphonse Allais im Jahre 1881 sowie ein Neuseeländer namens David Strang 1890 patentiert. Letzterer vertrieb sein Produkt unter den Namen Strang's Coffee. Die erste erfolgreiche industrielle Produktion gelang Nestlé 1938 mit Nescafé. Im Jahr 1903 entwickelte der deutsche Unternehmer Ludwig Roselius koffeinfreien Kaffee. Grund dafür war, dass sein Vater mit 59 Jahren verstorben war und dessen starker Kaffeekonsum dazu beigetragen haben soll. Die Hausfrau Melitta Bentz revolutionierte den Filterkaffee, als sie im Jahre 1907 den ersten Einweg-Filter aus einem Löschblatt aus dem Schulheft ihres Sohnes und einer durchlöcherten Konservendose entwickelte. Zuvor musste man den Kaffee noch aufwendig dekantieren oder sieben, um das Getränk vom Kaffeesatz zu trennen. Alternativ gab es Filter aus Leinen oder andere Dauerfilter. Auch während des Krieges wollten die Deutschen nicht auf ihren Kaffee verzichten. So griff man zu Ersatzkaffee wie Muckefuck aus Getreide und Zichorien, Eichelkaffee oder Malzkaffee, welche weder geschmacklich noch hinsichtlich der belebenden Wirkung an den Bohnenkaffee herankamen. In den Nachkriegsjahren 1945 bis 1953 war Kaffee schließlich mit einer sehr hohen Steuer belegt und damit fast dreimal so teuer. Dies führte zu einer Zunahme von Kaffee-Schmuggel, sodass es sich bei ca. zwei Drittel des Kaffees in der Region Rhein und Ruhr um geschmuggelte Ware handelte. Zu den Schmugglern gehörten Schulkinder, Jugendliche, junge Frauen, Kriegsveteranen mit Prothesen, aber auch Personen mit ausrangierten Panzern und anderen Fahrzeugen. Wer mehrfach erwischt wurde, musste für einige Monate ins Gefängnis. Doch es konnte auch schlimmer kommen, denn die Zöllner setzten scharfe Hunde ein und schossen auf Schmuggler. So gab es bis zum Jahr 1953 mehrere Tote und viele Verletzte, ehe die Steuer schließlich aufgehoben wurde.

Bis zum großen Kaffeehaussterben in den 1950ern gingen im Laufe der Geschichte viele Persönlichkeiten in den europäischen Kaffeehäusern ein und aus. Im Jahr 1880 gegründeten und noch heute bestehenden Café Sperl in Wien trafen regelmäßig Künstler, als auch hochrangige Militärs aufeinander. Im italienischen Caffè Florian sollen u. a. Lord Byron, Alexandre Dumas der Ältere und Charles Dickens Kaffee getrunken haben. Später auch Andy Warhol und der „Vom Winde verweht"-Star Clark Gable. Das französische Café Procope zählte Denis Diderot, Jean-Jacques Rousseau, Voltaire, Benjamin Franklin und Thomas Jefferson zu seinen Gästen. Napoleon selbst soll hier einmal seinen Kaffee mit seinem Hut bezahlt haben. Das deutsche „Zum Arabischen Coffe Baum" in Leipzig soll u. a. den Kurfürsten August den Starken, Napoleon Bonaparte, die Komponisten Georg Philipp Telemann, Richard Wagner, Johann Sebastian Bach, Robert Schumann, Franz Liszt, Gustav Mahler sowie die Schriftsteller und Dichter Johann Wolfgang von Goethe, Gotthold Ephraim Lessing, E.T.A. Hoffmann und Erich Kästner beherbergt haben. Robert Schumann veranstaltete im „Zum Arabischen Coffe Baum" regelmäßig einen Stammtisch mit seinem Künstlerkreis der Davidsbündler. Die Kaffeehäuser der damaligen Zeit in Europa unterschieden sich stark von den späteren Cafés. Man traf sich dort nicht nur zu Kaffee und Kuchen, sondern konnte dort diskutieren, lesen und Gesellschaftsspiele spielen. Insbesondere Schach war sehr populär in Kaffeehäusern, weshalb das Wort Kaffeehausspieler auch heute noch als Begriff für einen äußerst aggressiven, aber planlosen Schachspieler steht. Auch die Kaffeehausliteratur ging aus Kaffeehäusern, insbesondere in Wien hervor. Schriftsteller hatten hier die Möglichkeit, stundenlang zu sitzen, Zeitung zu lesen und zu schreiben. Dies sollen zum Beispiel Hugo von Hofmannsthal, Robert Musil, Arthur Schnitzler, Franz Werfel, Stefan Zweig, Erich Kästner, Ernst Deutsch, Joachim Ringelnatz und Erich Maria Remarque getan haben. Die Kaffeehaustradition von damals hat sich bis heute nur noch in Wien, Prag und Budapest halten können.

Das Kaffeehaussterben, das vor allem in Wien spürbar war, hatte womöglich verschiedene Ursachen. Zum einen zog es viele Menschen in die modernen Espressobars. Aber auch die Freizeitgestaltung veränderte sich zunehmend. Immer mehr Fernseher gelangten in die heimischen Wohnzimmer. Kaffee wurde jedoch nach wie vor gerne getrunken. Auch gab es nun in immer mehr Haushalten die Möglichkeit, den Kaffee mithilfe von elektrischen Geräten zuzubereiten, was insbesondere für die Landbevölkerung lange nicht möglich war. Sogar die Kaffeemühlen konnten elektrisch bedient werden. 1949 wurde in Hamburg das Unternehmen Tchibo gegründet. Die ursprüngliche Idee war es, den Kunden Kaffee per Post zu schicken. Später entstanden dazu Filialen, in denen Kunden den Kaffee vor Ort probieren konnten und schließlich eigene integrierte Cafés. 1969 erfand der deutsche Unternehmer Otto Bengtson den ersten Kaffeevollautomaten mit einer integrierten Kaffeemühle, der zum Vorläufer der heutigen Kaffeevollautomaten werden sollte. Zuvor hatte er bereits vollautomatische Kaffeemaschinen für Gaststätten entwickelt. Ab den 1980er-Jahren kauften die Deutschen mehr gemahlenen Kaffee anstatt Kaffeebohnen. In zahlreichen Geschäften konnten die Bohnen deswegen direkt vor Ort gemahlen werden.

Um 1970 stieg allmählich das Bewusstsein der Menschen über die Arbeitsbedingungen auf den Kaffeeplantagen und allgemein über die Ungerechtigkeiten im Welthandel. Es bildeten sich verschiedene Aktionsgruppen, die über diese Missstände, u. a. über die Preiskalkulation von Kaffee aufklärten. Bereits im Jahr 1959 wurde in den Niederlanden eine Stiftung gegründet, die 1967 den Handel mit Gütern aus Entwicklungsländern aufnahm und in Deutschland, Österreich und der Schweiz Tochtergesellschaften bildete, welche selbstständig werden sollten. Daraus wurde in Deutschland GEPA – The Fair Trade Company. Das erste fair gehandelte Produkt war ein Kaffee aus Guatemala.

In den 90er-Jahren wurde in Deutschland der „Coffee to go" gerade bei Geschäftsleuten immer populärer. Die Erfindung stammt aus den USA. Dort hatte die Kiosk-Kette 7-Eleven Heißgetränke aus speziellen Bechern verkauft. Die Kaffeekette Starbucks entwickelte dazu den passenden Deckel. Außerdem eröffneten immer mehr Kaffeeketten bzw. Coffeeshops ihre Türen. Unternehmen wie Balzac Coffee, Starbucks, World Coffee, der McDonalds-Ableger McCafé, Campus Suite und viele andere verbreiteten sich ab den 2000er-Jahren rasch in den Innen-

städten und Fußgängerzonen. Zur Zielgruppe der Kaffeeketten gehört vor allem Laufkundschaft. Geschäftsleute, Freiberufler und Studenten suchten die Filialen ebenfalls gerne auf. Dabei ging es nicht nur um den Koffein-Kick zur besseren Konzentration. Kuchen, Sandwiches und teilweise warme Speisen konnten ebenfalls vor Ort erworben werden und der Zugang zu gratis W-LAN und ein langer Aufenthalt waren auch möglich. Neben dem klassischen Kaffee und Espresso werden nach wie vor in Kaffeeketten vor allem spezielle Kaffeespezialitäten wie verschiedene Varianten des sog. Flavored Coffees verkauft. Flavored Coffee meint verschiedene Kaffee-Getränke, die mit bestimmten Aromen angerichtet werden. In den 2000ern verbreiteten sich außerdem neue Zubereitungsarten für den Kaffee zu Hause oder im Büro. So wurden neue Kaffeepad- und Kaffeekapselmaschinen auf den Markt gebracht. Auch neue Berufsbilder brachte die Kaffeekultur hervor: den Barista und den Kaffeesommelier. Den italienischen Barista gibt es zwar bereits seit es Espresso-Bars und Cafés gibt, allerdings sollte sich diese Bezeichnung im deutsch- und englischsprachigen Raum weiterentwickeln. So gilt ein Barista inzwischen nicht mehr nur als jemand, der Kaffee und Espresso zubereitet, sondern als eine Art Künstler der Latte Art. Dabei werden das Kaffeegetränk selbst kunstvoll und insbesondere der Milchschaum in bestimmten Formen angerichtet. Ein Kaffeesommelier wiederum verfügt über weitreichende Kenntnisse über die Botanik und den Anbau der Kaffeepflanzen, die Anbaugebiete, die Verarbeitung, das Rösten der Bohnen und die Sensorik des Kaffees. Er ist in der Lage, einen Kaffee beim sog. Cupping zu verkosten und zu bewerten, so wie es ein Weinsommelier mit Wein tut.

Heute ist Kaffee nach Erdöl der am meisten gehandelte Rohstoff auf der Welt und gefragt wie eh und je. Kaffee wird in 80 Ländern angebaut und beansprucht eine Gesamtfläche von ca. 11 Millionen Hektar. Der höchste Kaffeekonsum wird übrigens den Finnen zugeschrieben. Der Verbrauch pro Kopf beträgt etwa 3,6 Tassen am Tag. Inzwischen ist das Bewusstsein hinsichtlich fairen Handels, Klima- und Umweltschutzes gestiegen. Immer mehr Kaffeehändler haben deswegen damit begonnen, sich mit den Arbeitsbedingungen der Produzenten auseinanderzusetzen und vertreiben teilweise Kaffee mit Fair Trade-Siegel. Auch der Einweg-Becher des „Coffee to go" aus Styropor oder mit Einweg-Plastik-Bestandteilen darf inzwischen in der EU nicht mehr produziert werden. Der Trend geht zu Thermo- oder Bambus-Bechern. Die ersten biologisch abbaubaren Kapseln gibt es bereits auf dem Markt. In Zukunft werden der Klimawandel und dessen Auswirkung auf den Kaffeeanbau die nächste Herausforderung der Kaffee-Geschichte sein. Laut Studien ist insbesondere die ursprüngliche Arabica-Bohne gefährdet. Man geht langfristig von verschlechterten Anbaubedingungen und damit schrumpfenden Anbauflächen aus, die sich auf den Preis auswirken.

WO KOMMT ER HER, WO GEHT ER HIN: ÜBER DIE GEOGRAPHIE DES KAFFEES

Kaffeepflanzen benötigen bestimmte klimatische Voraussetzungen, um zu wachsen und gute Erträge liefern zu können. Diese unterscheiden sich wiederum je nach Art. Auf der ganzen Welt werden ungefähr 124 verschiedene Pflanzen angebaut, von denen Arabica und Robusta mit ca. 96 % den Hauptanteil ausmachen. Neben der klimatischen Einflüsse ist auch der Boden relevant. Der Klimawandel wird den Kaffeeanbau in Zukunft vor große Herausforderungen stellen.

Kaffee wächst nur in warmen Regionen mit hohen Niederschlagsmengen, einer hohen Luftfeuchtigkeit und durchlässigen Böden. Allgemein gelten Temperaturen von 18 bis 25 °C als ideal. Während die Art Robusta bereits in Höhenlagen ab 300 und 600 m gedeiht, benötigt die Arabica einen Standort in Höhen zwischen mindestens 600 und 2.300 m. Direktes Sonnenlicht setzt den meisten Sorten der Arabica-Bohne jedoch zu, weshalb sie auf Beschattung angewiesen sind. Robusta-Pflanzen tun sich mit Klimaschwankungen und direkter Sonneneinstrahlung weniger schwer. Die typischen Anbauregionen für Kaffeepflanzen befinden sich in der Gegend des 23. Breitengrades nördlicher Breite und 25. Breitengrades südlicher Breite. Man nennt dieses Gebiet auch den Kaffeegürtel. Der Kaffeegürtel umfasst Teile von Afrika, Asien, Mittel- und Südamerika und bildet eine Fläche von ca. 10.000.000 Hektar. Das jeweilige Klima und die Standortbedingungen nehmen übrigens, wie man es vom Wein kennt, Einfluss auf die typischen Aromen. So gibt es nicht nur verschiedene Sorten, sondern auch individuelle Ausprägungen in den Geschmacksnuancen.

AFRIKA

Äthiopien gilt nicht nur das Ursprungsland der Kaffeepflanze und der Arabica-Bohne, sondern ist auch heute noch eines der bedeutsamsten Anbaugebiete. Äthiopien zählt zu den am höchsten gelegenen Regionen Afrikas. 50 % der Fläche liegen höher als 1.200 m, 25 % über 1.800 m. In der warm-gemäßigten Zone Woyna Dega im Zentrum ist es durchschnittlich 22 °C warm mit Niederschlagsmengen von 500 bis 1.500 mm pro Jahr. In Äthiopien gibt es drei verschiedene

Anbausysteme: Waldkaffee, Gartenkaffee und Plantagenkaffee. Waldkaffee wird aus einem Sorten-Mix von wildwachsenden Kaffeesorten im Südwesten Äthiopiens gewonnen. Die Kaffeebäume werden bis zu 20 m hoch, benötigen keine Pflege, sind zum Großteil resistent gegen Krankheiten, aber leider auch wenig ertragreich. Der natürliche Waldkaffee ist zu unterscheiden von gezielt angebauten Kaffeepflanzen in Wäldern. Auch die Sorten für den Gartenkaffee wachsen wild. Allerdings befinden sich diese in der Nähe der Dörfer und werden regelmäßig gepflegt. Auf den Plantagen kultiviert man bestimmte Sorten gezielt. Große Plantagen sind in Äthiopien eine Seltenheit. Normalerweise werden kleinere Flächen von ca. 1,5 Hektar bewirtschaftet. Da ein Großteil der Bevölkerung in Äthiopien sehr arm und auf den Anbau von Kaffee angewiesen ist, wurden die Kaffeewälder in der Vergangenheit stark gerodet, um Anbauflächen für Plantagen zu schaffen. Der Plantagenanbau ist deutlich ertragreicher und die Ernte gelingt einfacher. Zu den verschiedenen Arabica-Sorten aus Äthiopien gehören Gimbi, Harrar, Limu, Sidamo und Yirgacheffe. In Äthiopien wird mehr Kaffee konsumiert als exportiert.

Kenia befindet sich in Ostafrika und erstreckt sich zu beiden Seiten des Äquators. Das Land ist umgeben von dem Sudan, Äthiopien, Somalia, Tansania, Uganda, dem Victoriasee und dem Indischen Ozean. Obwohl Kenia ein Nachbar von Äthiopien, der Wiege des Kaffees ist, wird Kaffee vergleichsweise erst seit kurzer Zeit angebaut. Kolonialherren kultivierten die ersten Pflanzen in Kenia. Diese gedeihen heute durchschnittlich in Höhen von 1.500 bis über 2.100 m. 50 bis 60 % der Plantagen werden von Kleinbauern bewirtschaftet. Zu den wichtigsten Anbaugebieten gehören die Regionen um den Mount Elgon und den Mouint Kenia. Der Boden dort hat einen besonders hohen Eisengehalt. Wie auch in Indonesien findet man hier die Peaberry-Art. Bei dieser Art befinden sich in der Kaffeekirsche nicht zwei, sondern nur eine Bohne, die besonders groß ist und ein intensives Aroma aufweist. Im Gegensatz zu Äthiopien hat Kenia selbst keine besonders ausgeprägte Kaffeekultur. Die Einheimischen trinken lieber Tee.

Neben den zahlreichen Arabica-Exporteuren sticht Uganda als einer der größten Robusta-Produzenten beinahe hervor. Uganda befindet sich auf der Höhe des Äquators in Zentralafrika. Der Kaffee macht ganze 50 % der Exporterlöse aus und gewährleistet dem kriegsgebeutelten und von Armut stark betroffenen Land Stabilität. Angebaut werden 90 % Robusta auf 900 bis 1.500 m und 10 % Arabica auf 1.300 bis 2.300 m. Uganda liegt 1.000 m über dem Meeresspiegel und zeichnet sich deswegen durch ein eher gemäßigtes Klima zwischen 25 und 30 °C am Tag aus. Die Landschaften sind durchzogen von Savannen, Seen, dem Weißen Nil und Urwäldern. Während es früher die meiste Zeit im Jahr über regelmäßig regnete, ist das Land besonders im Norden inzwischen von langen Trockenperioden gezeichnet. Weitere Veränderungen durch den Klimawandel könnten Uganda langfristig den Kaffeeanbau beträchtlich erschweren.

SÜDAMERIKA

Brasilien gilt seit über 150 Jahren als der größte Kaffeeproduzent. Das Land selbst erstreckt sich mit einer Fläche von 8.547.404 km² fast über halb Südamerika. 7 % davon machen Äcker und Felder aus, zu denen auch die Kaffeeplantagen gehören. Im Jahr 1727 fand der Kaffee erstmals seinen Weg als Schmuggelware nach Brasilien. Heute ist er wichtiges Export- und zugleich ein beliebtes Konsumgut. Aus der jährlichen Ernte gehen ca. 45 Millionen 60-kg-Säcke Kaffeebohnen hervor. Darunter bis zu 80 % Arabica- und 20 % Robusta-Bohnen. Die Kaffeebohnen werden in Brasilien in niedrigeren Höhen zwischen 200 m und 1.000 m und zu 98 % in den Regionen Paranà, Sao Paulo, Minas Gerais und Espirito Santo angebaut. Paranà allein macht etwa 50 % des Ertrags aus. Die im Südosten des Landes gelegenen Regionen sind vor allem durch Hochland, bergige und hügelige Landschaften und ein gemäßigtes Klima geprägt. Insgesamt sind 17 von 26 brasilianischen Staaten Anbauregionen. Die Kaffeekirschen werden per Hand geerntet und anschließend direkt in der Sonne getrocknet. Aufgrund der Bewirtschaftung durch die Monokulturen bedarf es immer mehr Düngung und Zugabe von Pestiziden, was die Arbeitsbedingungen vor Ort gefährlich gestaltet. Außerdem fallen immer wieder Pflanzen dem sog. Kaffeerost zum Opfer. Dabei handelt es sich um eine Krankheit, die durch einen Pilzbefall ausgelöst wird und die Pflanzen vernichtet. Zu den bekanntesten brasilianischen Kaffeesorten gehören Brazil Lagoa, Brazil Santos, Brazil Bourbon und Brazil Conilon.

Ecuador liegt auf dem Äquator und grenzt an Kolumbien, Peru und den Pazifik. Das Land ist bekannt für seine geographisch, topographisch und klimatische Vielfalt. Der Kaffee ist eins von vielen wichtigen Exportprodukten, die das vergleichsweise kleine Land mit seinen 280.000 km² zu bieten hat. Die Geschichte des Kaffeehandels ist in Ecuador noch vergleichsweise jung. Das Exportgut wurde in den 1920er-Jahren besonders wichtig für die heimischen Bauern, weil zu diesem Zeitpunkt viele Kakaopflanzen von Krankheiten befallen waren. In Ecuador werden sowohl Arabica-, als auch Robusta-Bohnen angebaut. Anbau und Ernte erfolgen per Hand. Die Arabica-Pflanzen gedeihen im Süden des Landes, teilweise in den Andenhochländern in Höhenlagen von 1.800 m bis 3.200 m bei einer Durchschnittstemperatur von 18 °C. Man findet aber auch noch weit höher gelegene Kaffeeplantagen, die zu den höchsten weltweit gehören. Bekannt ist insbesondere der Vilacabamba-Kaffee, der in einem Dorf in 1.500 m Höhe angebaut wird. Die dortigen Bewohner erreichen häufig ein Alter von 100 Jahren. Die dort von Hand geernteten Kaffeekirschen werden in Bergflüssen gewachsen und in der Sonne getrocknet. Robusta-Pflanzen werden wie die Kakaopflanzen in tiefer gelegenen Ebenen in Küstennähe kultiviert.

Kolumbien befindet sich im Nordwesten Südamerikas und grenzt an den Pazifik, an den Atlantik, an Ecuador, Peru, Brasilien, Venezuela und Panama. Das Land ist durchzogen von Gebirgsketten der Anden und Küstentiefland. Kolumbien gehört zu den weltweit größten Kaffee-Exporteuren. Als Kaffee-Dreieck bzw. Triángulo del Café Kolumbiens gelten die drei Departamentos Caldas, Risaralda und Quindío. Diese befinden sich in der Andenregion in einer Höhe von 1.200 bis 2.000 m. Die Temperaturen liegen dort gleichmäßig zwischen 17 bis 24 °C. Das Kaffee-Dreieck ist seit 2011 UNESCO-Weltkulturerbe. Ca. 66 % der Kaffeepflanzen werden auf großen Farmen kultiviert, 34 % auf kleinen Familien-Plantagen mit einer Gesamtfläche von ungefähr 750.224 Hektar. Es wird hauptsächlich Arabica angebaut. Die Ernte der Kaffeekirschen erfolgt in Kolumbien ungewöhnlicherweise zweimal im Jahr, nämlich im Mai und im November und wird per Hand oder maschinell durchgeführt. Insgesamt werden pro Jahr ca. 12.500.000 60-Kilogramm-Säcke geerntet. Auch in Kolumbien kommt es inzwischen immer wieder vermehrt zu Fällen von Kaffeerost.

Auch wenn Peru im Kaffeehandel nicht mit seinem erfolgreichen Nachbarn Brasilien mithalten kann, gelangt das Land unter die Top 10 weltweit. Ca. 90 % des Kaffees stammt von kleinen Farmen, die gerade mal zwei Hektar groß sind und sich meist in bewaldeten Gebieten befinden. Küste, Hochland und Regenwald sorgen im Landesinneren für eine besondere Artenvielfalt. Der Kaffeeanbau findet im Norden, im Süden und in der Mitte des Landes statt. In Cajamarca im Norden befinden sich Plantagen von Kleinbauern in Höhen von 900 bis 2.050 m. In Jumin, in der Mitte Perus und umgeben von Regenwald, werden Flächen auf 1.400 bis 1.900 m bewirtschaftet. Leider kam es infolge von Guerilla-Kämpfen in den 80er und 90er Jahren zu Beschädigungen von großen Teilen des Waldes, die sich negativ auf den Anbau auswirken. Im Süden liegt Cusco. Die Pflanzen wachsen hier in 1.200 bis 1.900 m Höhe. Aus Peru kommen ausschließlich Arabica-Sorten wie Bourbon, Catimor, Caturra, Pache und Typica.

MITTELAMERIKA

Costa Rica befindet sich in Zentralamerika und grenzt an Nicaragua, Panama, das karibische Meer und den Pazifik. Neben Bananen ist der Kaffee in Costa Rica das wichtigste Export-Handelsprodukt. Der Kaffee-Anbau findet vor allem im Hochland des Großraums Valle Central statt, wo ein gemäßigtes Klima herrscht und es häufig regnet. Die Pflanzen gedeihen in Höhenlagen zwischen 700 und 1.600 m. Insgesamt gibt es acht Kaffeeregionen. Die vulkanisch geprägte Landschaft hat besonders fruchtbare Böden zu bieten. Tarrazú in der Provinz San José gilt als eines der besten Anbaugebiete weltweit. 400 Millionen Kaffeebäume soll es in Costa Rica geben. Der Anbau der Sorte Robusta ist per Gesetz verboten. Damit sollen Arabica-Arten wie die Caturra, Typica und Villa geschützt werden. Außerdem müssen beim Anbau Umweltrichtlinien eingehalten werden.

Die Dominikanische Republik liegt auf der Insel Hispaniola, der gebirgigsten Insel der Großen Antillen. Kaffee gedeiht fast ausschließlich im kühleren Süden der Insel und wird meist auf kleinen Familien-Plantagen mit traditionellen Methoden angebaut. Zu den wichtigsten Anbaugebieten gehören Barahona, Cibao, Cibao, Cibao Altura, Cordillera Central, Neyba und Valdesia. Man findet den Kaffee häufig unter der Bezeichnung „Santo Domingo"-Kaffee. Da der Export von Kaffee im Gegensatz zum Zucker für die Dominikanische Republik nie wirtschaftlich bedeutsam war, konzentrierte man sich vermehrt auf die Qualität, anstatt auf den Ertragsreichtum. In der Dominkanischen Republik wachsen insbesondere die Arabica-Sorten Catuai, Caturra und Typica. In den letzten Jahren setzte man im Kaffeeanbau immer häufiger auf ökologische Anbaumethoden.

El Salvador ist ein kleines und dicht besiedeltes Land in Zentralamerika, umgeben von Guatemala, Honduras und dem Pazifik. Das Klima ist geprägt von heißen Tagen und kühlen Nächten. Gemäßigtes Klima, das zum Anbau von Kaffee geeignet ist, findet sich in Höhenlagen ab 1.200 m bis 1.500 m. In El Salvador findet man vermehrt fruchtbaren vulkanischen Boden. Insbesondere Berghänge zur Meerseite eignen sich für den Kaffeeanbau ideal. Als eine der wichtigsten Anbauregionen gilt Apaneca-Llamatepec. In El Salvador wird nur die Arabica-Bohne gezüchtet. Darunter die Arabica Heirloom, die als direkter Nachfahre der in Äthiopien und Jemen angepflanzten Sorte gilt. Weitere Sorten sind Arabica Bourbon, Arabica Pacas und Pacamara. Die Kaffeeplantagen werden häufig durch Obstbäume ergänzt, die für eine natürliche Beschattung sorgen.

Der zentralamerikanische Staat Guatemala befindet sich auf der Halbinsel Yucatán und ist umgeben von Honduras, El Salvador, Mexiko, Belize, dem Karibischen Meer und dem Pazifik. Auf 270.000 Hektar wird Kaffee und am häufigsten Arabica-Sorten, darunter Caturra, Typica und Bourbon angebaut. Der Kaffeeanbau findet vor allem am Südwesthang des Hochlandes und in den Departements Alta Verapaz und Baja statt. Die Böden sind vulkanisch und damit besonders fruchtbar. Leider haben die vielen Kleinbauern in Guatemala seit den letzten Jahren zunehmend Probleme mit Kaffeerost. Auch die Arbeitsbedingungen auf den Plantagen durch den Einsatz von Pestiziden und fehlenden Schutzmöglichkeiten sind äußerst bedenklich. Aufgrund der absoluten Armut innerhalb der Bevölkerung müssen auch Kinder auf Kaffeeplantagen arbeiten. Kaffee ist für Guatemala eines der wichtigsten Exportgüter. Guatemala ist seit Ende der politischen Unruhen 1996 wieder einer der Hauptexporteure weltweit.

Auch Honduras zählt zu den weltweit größten Kaffeeproduzenten. Der zentralamerikanische Staat ist umgeben von Nicaragua, El Salvador, Guatemala, dem Karibischen Meer und dem Pazifik. Außerdem gehört auch die Inselgruppe Islas de la Bahía noch dazu. Das Land ist durchzogen von Bergen, die durch Becken voneinander getrennt sind. Die Hälfte der Fläche ist bewaldet und beherbergt als Biosphärenreservat Río Plátano, einen der letzten tropischen Regenwälder Zentralamerikas. Honduras wird sehr häufig von Hurrikans heimgesucht. Dennoch ist das Land der größte Kaffee-Produzent in Mittelamerika. Kaffeepflanzen können hier fast überall gedeihen, denn das Klima ist ideal. Es gibt häufig Niederschläge und der Boden gilt als besonders fruchtbar. Dennoch wird nur die Hälfte der möglichen Anbaufläche genutzt. Ein Grund dafür ist die Armut in Honduras und die damit einhergehende schlechte Infrastruktur. Zu den typischen Anbauregionen zählen Copán im Nord-Westen, Montecillos im Süd-Westen und Agalte in der Landesmitte, sowie in Comayagua, El Paraiso und Opalaca. In den 1950er-Jahren siedelten sich Bauern aus dem benachbarten El Salvador an, um die optimalen Anbaubedingungen nutzen zu können. Dies geschah sehr zum Missfallen der einheimischen Bauern. Die Streitigkeiten eskalierten nach einem Spiel während der Fußball-WM 1969. Im selben Jahr marschierte die Armee von El Salvador ein, um sich für ihre Bauern einzusetzen. Ein Eingriff durch die USA beendete den sog. Kaffeekrieg, bei dem ca. 3.000 Menschen ums Leben gekommen waren. Der Anbau in Honduras erfolgt heute noch zum Großteil ohne den Einsatz von Chemikalien. Außerdem wird auf natürliche Beschattung durch andere Bäume gesetzt. Besonders häufig werden die Sorten Catuai, Bourbon, Pacas und Typica kultiviert.

Der karibische Inselstaat Jamaica ist in Europa vor allem für seine weißen Sandstrände, das türkisfarbene Meer und die Rastafari-Kultur bekannt. In der Kaffee-Welt erlangte er Berühmtheit mit seinem Jamaica Blue Mountain-Kaffee. Diese Arabica-Sorte gilt als eine der teuersten und exklusivsten weltweit. Das liegt u.a. an seinen geringen Vorkommen aufgrund der schwierigen Anbaubedingungen und der langen Reifezeit. Die Blue Mountains liegen im Osten von Jamaica, die Kaffeeplantagen in Höhenlagen von 900 und 1.700 m. Durch häufige Niederschläge, Nebel und ausreichend Schatten aufgrund der dichten Bewaldung kann der Jamaica Blue Mountain-Kaffee ideal wachsen. Die gesamte Anbaufläche beträgt gerade einmal 6.000 Hektar. Nach der Ernte und Weiterverarbeitung werden die handverlesenen Bohnen nicht in Säcken, sondern in Fässern transportiert.

Mexiko darf nicht fehlen, wenn es um die wichtigsten und in diesem Fall auch um die vorbildlichen Anbaugebiete geht. Das Land zwischen Nord- und Zentralamerika ist zur Hälfte gebirgig. Insbesondere in Höhen von 400 bis 900 m wachsen die Kaffeepflanzen auf einer Gesamtfläche von 700.117 Hektar. Damit hat Mexiko eine der größten Anbauflächen weltweit. Die Ernte pro Jahr beträgt 3.900.000 60-Kilogramm-Säcke. 90 % davon machen Arabica-Pflanzen, insbesondere Bourbon und Typica aus. Außerdem wird in Mexiko die Maragogype-Bohne oder auch Elefantenbohne angebaut. Diese zeichnet sich durch ihre Größe aus und ist eine Kreuzung aus Arabica und Liberica. Mexiko gilt als Vorreiter des biologischen Kaffeeanbaus. So werden Schädlinge zum Teil durch den Einsatz von Bienen bekämpft. Kaffee aus Mexiko ist meist bio-zertifiziert. Darüber hinaus gibt es in Mexiko viele Kooperativen, die bessere Arbeitsbedingungen und einen fairen Lohn für die Kleinbauern gewährleisten. Die Kaffeeplantagen sind häufig nicht größer als 25 Hektar.

Nicaragua in Mittelamerika grenzt an Honduras, Costa Rica, das Karibische Meer und den Pazifik. Das Land ist besiedelt von Gebirgsketten, Beckenlandschaften, Seen und Vulkanen. Das tropische und feuchte Klima, das im Hochland deutlich gemäßigter ist, bieten gute Anbaubedingungen für Arabica. Zu den typischen Sorten gehören Bourbon, Catuai, Caturra und Pacamara. Diese gedeihen in Höhenlagen von 800 bis zu 1.900 m. Die Ostküste Nicaraguas zählt zu den weltweit regenreichsten Regionen. Die Plantagen im Hochland werden meistens von Familien betrieben. Da sich die Menschen landwirtschaftliche Maschinen und Chemikalien häufig nicht leisten können, ist der Kaffee aus Nicaragua meist zwangsläufig ein Bio-Produkt.

ASIEN UND OZEANIEN

Indien ist vor allem bekannt für seine große Bevölkerungsanzahl und die durch den Hinduismus geprägte Kultur. Doch das Land hat auch eine intensive Kaffeekultur: Tatsächlich zählt der Kaffee zu den wichtigsten kommerziellen Anbauprodukten des Landes. Kaffeepflanzen werden vor allem im Süden des Landes kultiviert. Die Bundesstaaten Karnatak, Tamil Nadu und Kerala bilden den indischen Kaffeegürtel. Inzwischen sind aber auch immer mehr Plantagen im Osten Indiens entstanden. Das Klima eignet sich besonders gut für Robusta-Sorten, die 60 % des Anbaus ausmachen. Im Jahr 1942 wurde von der Regierung die Behörde Coffee Board of India gegründet, welche sich u.a. an der Erforschung neuer Technologien für den Anbau, die Ernte und Aufbereitung des Kaffees beteiligt. Der Anbau erfolgt auf vielen kleinen Plantagen in einer dschungelartigen Umgebung und in Mischkulturen, die für eine natürliche Beschattung sorgen. Besonders berüchtigt ist die Sorte Monsooned Malabar. Die Monsooning-Methode wurde erfunden, als die Kaffeebohnen einen weiten Weg mit den Segelschiffen nach Europa zurücklegen mussten. Damals waren sie auf der langen Überfahrt in durchlässigen Säcken hoher Luftfeuchtigkeit und salziger Seeluft ausgesetzt. Dieses Verfahren wurde nach der Erschließung neuer und schnellerer Transportwege weiterentwickelt. Das Monsooning wird vor allem an der Küste Malabars praktiziert und dauert mehrere Monate. Die Bohnen werden in einem speziellen Verfahren Regen und Wind ausgesetzt.

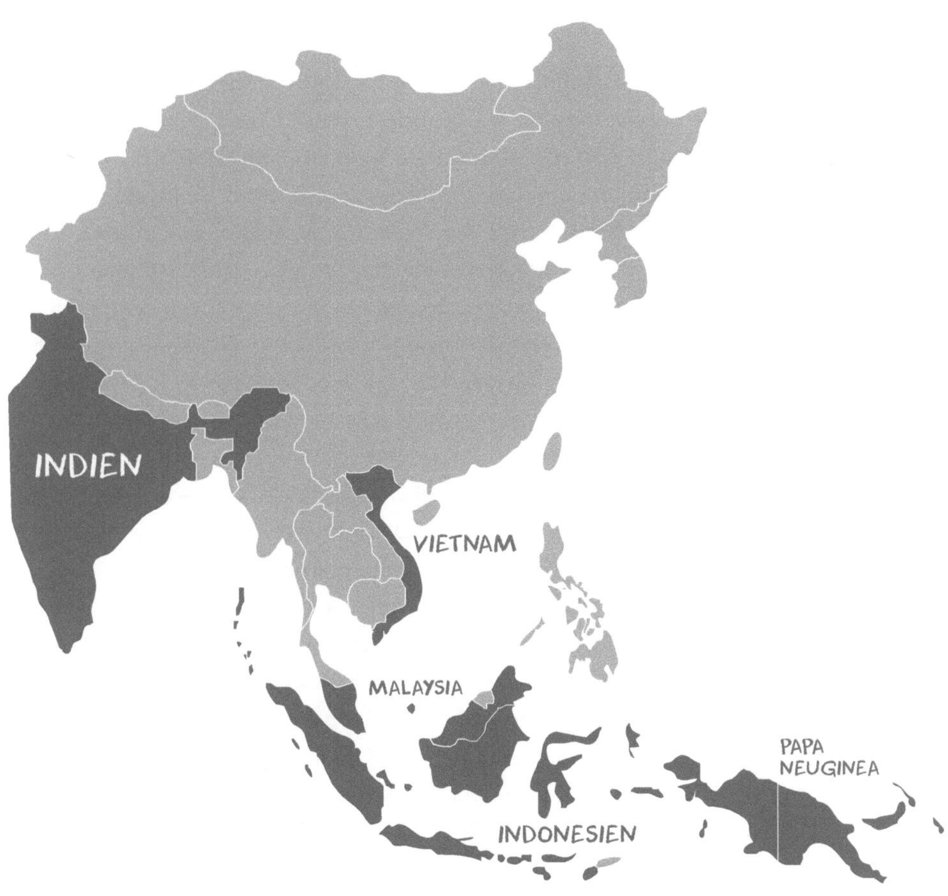

Indonesien besteht aus 13.466 Inseln und zieht sich zu beiden Seiten des Äquators. Die Umwelt Indonesiens wird von starken Vulkanaktivitäten, tropischem und äquatorialem Klima und einer hohen Luftfeuchtigkeit bestimmt. Es gibt insgesamt über 30 Anbaugebiete mit einer Fläche von insgesamt 1.240.900 Hektar für Kaffee. Am wichtigsten sind Sulawesi, Papua, Java und Sumatra. Die Kaffeeplantagen selbst sind eher klein. Jährlich werden etwa 9.350.000 Säcke von jeweils 60 kg geerntet. Indonesien stellt große Mengen von Robusta-Sorten her, produziert aber auch Arabica mit Sorten wie Mandheling oder Ankola und Spezialitäten wie Kopi Luwak, Liberica und Peaberry. Kopi Luwak oder auch der Katzenkaffee ist weltweit als Edelkaffee bekannt und gilt als teuerster Kaffee der Welt. In Rahmen des Herstellungsprozesses werden die Kaffeekirschen von Fleckenmusangs, einer Art der Schleichkatzen verzehrt und ausgeschieden. Der Robusta-Anteil macht ca. 90 % der Kaffee-Ernte aus.

In Malaysia werden zwar ebenfalls Arabica und Robusta angebaut. Jedoch dominiert mit 95 % die Sorte Liberica, die gerade einmal 1 bis 2 % des weltweit gehandelten Kaffees ausmacht. Liberica-Kaffee enthält mehr Koffein als andere Sorten und hat einen besonders herben Geschmack. Das Land Malaysia liegt in Südostasien. Ein Teil befindet sich auf der Halbinsel Malakka, der andere Teil auf der Insel Borneo, auf der auch Indonesien zum Teil beheimatet ist. Innerhalb Malaysias gibt es viele Gebirgsketten, Ausläufer der hinterindischen Berge. Das Klima ist tropisch und feucht. In den Gebirgsregionen gibt es Niederschläge von bis zu 6.000 mm pro Jahr. Besonders beliebt ist das Getränk Kopi. Bei dieser Kaffee-Variante werden die Kaffeebohnen mit Zucker und Butter geröstet.

Papua-Neuguinea ist der drittgrößte Inselstaat auf der Welt und gehört ebenfalls zu den großen Kaffee-Exporteuren. In den 1920er-Jahren gelangte ein Samen der bekannten Sorte Jamaica Blue Mountain als Schmuggelware nach Papua-Neuguinea. Die Pflanze konnte dauerhaft im Waghi Valley kultiviert werden. 95 % des produzierten Kaffees machen ansonsten Arabica-Sorten wie Bourbon, Caturra und Mundo Novo aus. Ein kleiner Anteil fällt auf Robusta-Sorten. Die Plantagen in Papua-Neuguinea sind zu 75 % klein und umfassen häufig nicht mehr als 60 Pflanzen. Sie befinden sich in Höhenlagen von 1.300 bis 1.800 m und werden von Familien betrieben. In der Regel werden kein Dünger und keine Pestizide verwendet.

Vietnam ist der größte Produzent für Robusta und gilt insgesamt als zweitgrößter Vietnam ist der größte Produzent für Robusta und gilt insgesamt als zweitgrößter Kaffee-Exporteur. Das Hochland mit den Gebieten Dak Lat, Kontum, Gia Lai, Lam Duong und Buon me Thuot liegt in 600 m Höhe und hat ein vergleichbar mildes Klima im Gegensatz zum Rest von Vietnam. Die Kaffeeplantagen sind zum Großteil klein, nur etwa 5 % sind größer als 500 Hektar. Die Regierung hat die Anbaufläche auf 630.000 Hektar reguliert. Am rasanten Aufstieg des Kaffeehandels war die DDR-Kaffeekrise übrigens mitursächlich. Während sich Vietnam von seinen Kriegen erholte, suchte man in Ostdeutschland verzweifelt eine Alternative zum Kaffee-Ersatz und billigem Kaffee aus Äthiopien. Auch die Weltbank förderte den Kaffeeanbau, damit Vietnam seine Schulden tilgen konnten. Die Ausweitung des Kaffeeanbaus in Vietnam kam also für die DDR wie gerufen. So stieg Vietnam innerhalb kürzester Zeit zu einem der wichtigsten Kaffeeproduzenten weltweit auf. Heute werden zu 90 % Robusta-Sorten angebaut. Kaffee aus Vietnam wird meistens in Instant-Produkten verarbeitet. Auch den vietnamesischen Bauern machen der Klimawandel und damit einhergehende Krankheiten wie Kaffeerost zu schaffen.

Betrachtet man die vielen verschiedenen Länder, fällt auf, dass sie alle von Regionen profitieren, die ein gemäßigtes Klima und eine hohe Luftfeuchtigkeit aufweisen. Arabica-Bohnen benötigen zudem Schatten. Dazu eignen sich am besten natürliche Wälder. Monokulturen und der Einsatz von Chemikalien sorgen nicht nur für eine schlechte Qualität der Kaffeebohnen, sondern zerstören auch langfristig die Umwelt. Um Kaffeeplantagen zu errichten, wird häufig auch wertvoller Regenwald gerodet. Verschiedene Studien weisen auf einen Zusammenhang zwischen dem Rückgang der Biodiversität und dem Bau von Plantagen sowie der Technisierung des Kaffeeanbausystems hin. Der Anbau begünstigt außerdem die Bodenerosion gerade in den Hanglagen. Darüber hinaus ist auch der Wasserverbrauch bedenklich, der für den Anbau und insbesondere für die weitere Verarbeitung anfällt. Laut dem Unesco Institute for Water Education sollen sich in einer einzigen Tasse Kaffee ganze 140 Liter Wasser verbergen, die zum großen Teil durch den Anbau und die Weiterverarbeitung anfallen. Der Konzern Nestlé gibt sogar selbst an, dass allein während des Verarbeitungsprozesses, der die Schale und das Fruchtfleisch von der Bohne trennt, auf ein kg Kaffeekirschen 40 Liter Wasser kommen. Außerdem würden organische Rückstände in die Flüsse geleitet.

Ein weiteres Problem sind die Arbeitsbedingungen der Bauern und Erntehelfer. Auch wenn es ein paar positive Beispiele gibt, sind die Bedingungen mehrheitlich menschenunwürdig. Insbesondere Erntehelfer, die während der wenigen Monate zur Kaffee-Ernte auf Plantagen aushelfen, gehören häufig zu den ärmsten Bevölkerungsschichten. Erntehelfer werden meistens nach der Anzahl der Säcke bezahlt, die sie pflücken. Wie viel sie letztendlich pro Sack verdienen, richtet sich nach der Plantage, dem Land, dem aktuellen Marktwert für Rohkaffee und der Qualität. Im Schnitt soll der Preis pro Kaffee-Sack zwischen zwei und vier US-Dollars liegen. Ein schriftlicher Arbeitsvertrag existiert normalerweise nicht, weswegen der Erntehelfer nichts tun kann, wenn ihm weniger bezahlt wird, als es ausgemacht war. Hinzu kommen gefährliche Arbeitsbedingungen, da die Erntehelfer häufig keine oder nur unzureichende Schutzbekleidung zur Verfügung gestellt bekommen. So kommen sie nicht nur mit Chemikalien in Berührung, sondern auch mit gefährlichen Tieren wie Giftschlangen. Letzteres ist besonders bei Wanderarbeiten problematisch, die aus anderen Ländern kommen und die Gefahren vor Ort nicht richtig einschätzen können. Auch die Verletzungsgefahr ist groß, weil Arbeitswege teilweise uneben sind oder der Umgang mit dem Arbeitsgerät ohne Einweisung erfolgt. Durch die Bezahlung pro Sack arbeiten Erntehelfer meist viele Stunden am Tag mit wenig Pausen, was wiederum zu Konzentrationsschwäche und damit ebenfalls zu Verletzungsrisiken führt. Auf großen Plantagen werden sie während der Erntezeit mit vielen andere Helfern auf engem Raum in Gemeinschaftslagern untergebracht. Doch nicht nur erwachsene Menschen haben unter diesen Strapazen zu leiden. Auch Kinder arbeiten auf Kaffeeplantagen. Der deutsche Bundesminister für wirtschaftliche Zusammenarbeit und Entwicklung, Dr. Gerd Müller wies 2018 darauf hin, dass Hunderttausende Kinder für den Kaffee arbeiten würden, der in Deutschland konsumiert wird. Gerade einmal 15 % des Kaffees sollen laut seiner Aussage fair gehandelt und frei von Raubbau der Natur sein.

Doch wie kann es sein, dass Kaffee überall auf der Welt so geschätzt wird und Kaffee-Bauern trotzdem arm bleiben? Die Antwort ist einfach: Angebot und Nachfrage bestimmen den Preis. Mit dem International Coffee Agreement (ICA) hatten Kaffeeproduktions-Staaten früher Übereinkommen getroffen, damit Schwankungen auf dem Weltmarkt keinen schädlichen Einfluss auf die Ausfuhrerlöse der Produktionsstaaten haben. Im Gegenzug profitierten die Verbraucherländer, indem sie unabhängig von den Schwankungen weiterhin regelmäßig mit Kaffee versorgt wurden. Dazu bediente man sich Exportquoten und Richtpreisen. 1989 endeten diese Maßnahmen und der Kaffeehandel unterlag fortan der freien Marktwirtschaft. Die darauf folgende Preisinstabilität wirkt sich seitdem auf die Produzenten aus. Während der Kaffeekrise 2001 kam es zu einem Verfall der Handelspreise am Weltmarkt, die insbesondere die Entwicklungsländer schwer traf. Grund dafür war u.a. das Erstarken von Vietnam im Kaffeehandel, was zu einer Flut des Kaffeeangebots führte. Kaffee ist ein Spekulationsobjekt, das insbesondere in Zeiten von Rezession und Nullzins an Bedeutung gewinnt. Je mehr produziert wird, umso niedriger ist der Wert auf dem Weltmarkt. Auch das Verhalten von Konsumenten nimmt Einfluss. Viele kaufen nämlich gerne günstig, weswegen die Händler selbst entsprechend für niedrige Preise einkaufen. Uns sind die Bilder von demonstrierenden Bauern in Deutschland und anderen europäischen Ländern bekannt, die durchschnittlich im

Jahr 2020 in Deutschland 32,84 Cent an einem Liter Milch verdienten. Weniger bekannt ist die Lebenssituation, in der sich die Kaffee-Bauern in Afrika oder Südamerika befinden und die in vielen Ländern deutlich schlimmer ist.
Nicht zuletzt ist auch der Klimawandel eine Bedrohung, die bereits seit den 90er-Jahren für viele Kaffeeproduzenten spürbar geworden ist. Durch steigende Temperaturen, Klimaschwankungen und Veränderungen der Niederschlagsmenge oder der Luftfeuchtigkeit sowie langen Trockenzeiten bis hin zu Dürren könnte es irgendwann auf einem Großteil der heutigen Anbauflächen unmöglich sein, Arabica-Kaffee anzubauen. Das betrifft insbesondere den hochwertigen wilden Kaffee. Außerdem begünstigen klimatische Veränderungen die Verbreitung des gefürchteten Kaffeerosts, der ganze Ernten vernichtet. Allgemein werden Ernten in Zukunft schwieriger vorherzusehen und zu planen sein. Produktionsländer, die schon jetzt häufig von Umweltkatastrophen wie Hurrikans betroffen sind, könnten ebenfalls mehr Probleme bekommen, denn Hurrikans werden durch den Klimawandel nicht nur stärker, sondern können auch weiter ins Landesinnere eindringen und Anbauflächen zerstören.

Für einen nachhaltigen Kaffeeanbau gibt es also mehrere Faktoren, die einbezogen werden müssen. Ein nachhaltiger Kaffeeanbau muss im Sinne des Umwelt- und Klimaschutzes erfolgen, aber auch Armutsbekämpfung der Kaffeebauern und das Erreichen besserer Arbeitsbedingungen zum Ziel haben. Hierfür gibt es verschiedene Überlegungen und Ansätze.

Um Kaffee zukünftig umwelt- und klimafreundlich anzubauen, sollte auf Monokulturen verzichtet werden. Stattdessen sollte man vermehrt auf den Anbau von Schattenbäumen setzen. Diese beschatten nicht nur auf natürliche Art und Weise Arabica-Pflanzen, sondern sorgen auch dafür, dass Wasser länger im Boden gespeichert und die Bodenerosion verringert wird. Herabfallende Blätter dienen als Dünger. Im Boden werden darüber hinaus Kohlenstoff gespeichert und Humus aufgebaut, was einen wertvollen Beitrag zur CO2-Bindung leistet. Als Schattenbäume können sowohl Waldbäume als auch andere Nutzpflanzen wie Bananenpflanzen eingesetzt werden. Plantagen mit Schattenbäumen fördern auch die Artenvielfalt, was einen weiteren nützlichen Effekt hat. Vögel und Fledermäuse dienen nämlich als natürliche Schädlingsbekämpfer. Das System der sog. Agroforstwirtschaft oder Agroforestry ist nicht neu und eignet sich besonders gut für Anbauflächen im tropischen Regenwald.

Um Wasser einzusparen, sollten große Farmen in wassersparende Anlagen investieren. Kleinbauern können sich derartige Anlagen meist nicht leisten. Doch auch diese können darin unterstützt werden, die korrekten Wassermengen zu berechnen, um den Verbrauch möglichst gering zu halten. Zwar ist es Ziel, dass das Abwasser künftig insgesamt weniger belastet ist. Dennoch müssen auch Lösungen für belastetes Wasser gefunden werden. Dieses darf unter keinen Umständen zurück in die natürlichen Gewässer geleitet werden. Tanks mit sog. Greenfiltern, in denen in künstlichen Vegetationszonen Pflanzen das Wasser auf natürliche Weise reinigen, können eine Alternative darstellen.

Ein großes Problem werden zukünftig weiterhin die Arbeitsbedingungen der Bauern und Erntehelfer sein. Als Verbraucher kann man lediglich durch die eigene Kaufentscheidung etwas bewirken. Indem man sich nämlich für fair gehandelten Kaffee mit Fair Trade-Siegel entscheidet. Steigt die Nachfrage, dann werden auch immer mehr große Kaffeehändler fair gehandelten Kaffee in ihr Sortiment aufnehmen. Das Fair Trade-Siegel setzt voraus, dass ein angemessener Preis für den Kaffee gezahlt wird, der einen nachhaltigen Anbau möglich macht, sowie einer zusätzlichen Summe für Investitionen in den Betrieb. Außerdem müssen Langzeit-Verträge mit den Kaffeebauern abgeschlossen werden. Zu den Fair Trade-Standards gehören soziale, ökologische und ökonomische Anforderungen wie das Verbot von Kinderarbeit, geregelte Arbeitsbedingungen und das Verbot von Pestiziden und Gentechnik.

Zu den weiteren Siegeln, auf die man als Verbraucher achten kann, gehören das Siegel der Rainforest Alliance und Bird Friendly. Die Rainforest Alliance setzt sich für eine nachhaltige Landwirtschaft im Hinblick auf den Schutz der tropischen Regenwälder ein. Bird Friendly bezweckt als Zertifikat des Smithsonian Migratory Bird Centers (SMBC) in Washington D. C. den Schutz von Zugvögeln, die in Südamerika überwintern.

WAS STECKT DRIN – DIE KAFFEEBOHNE

Jeder Kaffeetrinker hat wahrscheinlich ein favorisiertes Produkt, dass er am liebsten kauft. Die Auswahl in Supermärkten und vor allem in speziellen Kaffeegeschäften ist gigantisch. Es gibt nicht nur Kaffeebohnen, gemahlenen Filterkaffee, Instant Kaffee, Kaffeepads und Kapseln unterschiedlichster Hersteller, sondern auch verschiedene Sorten und Intensitäten. Es gibt kräftig bis mild, Kaffee- und Espressoprodukte mit Bezeichnungen wie Crema, Gusto, Lungo oder klassische Auslese und Pads und Kapseln, die extra der Zubereitung von Spezialitäten wie Cappuccino, Caffè Latte oder Latte macchiato dienen. Bei den verschiedenen Bohnen findet man normalerweise einen Hinweis auf die Herkunft und die Bohnen. Häufig handelt es sich um Mischungen aus Arabica und Robusta. Doch es gibt noch viel mehr als die beiden Bekanntesten. Weltweit sollen über 100 verschiedene Kaffeearten angebaut werden. Darüber hinaus existieren noch mehr Sorten. Durch das Vermischen verschiedener Sorten entstehen wiederum Blends. Stammen alle Bohnen aus einem Anbaugebiet, so ist der Kaffee als Single Origins deklariert. Dies ist aber eher selten der Fall.

Zu den am meisten verbreiteten Arten auf der Welt gehören Arabica, Robusta, Liberica, Maragogype und Excelsa, wobei Arabica den Großteil ausmacht, gefolgt von Robusta. Liberica, Maragogype und Excelsa machen gemeinsam weltweit gerade mal ein paar Prozent aus.

ARABICA BOHNE

Die Arabica-Bohne macht mindestens 60 % des Welthandels aus. Die Pflanze Coffea arabica stammt aus der Gattung Coffea aus der Familie der Rubiaceae. Sie weist 44 Chromosomen auf und soll als Hybrid der Coffea eugenioides und Coffea canephora vor ca. 10.000 bis 15.000 Jahren im Südwesten des heutigen Äthiopiens entstanden sein. Inzwischen wurde sie erfolgreich in vielen Ländern des Kaffeegürtels kultiviert. Die Coffea Arabica kann als Strauch oder zu einem Baum heranwachsen und bis zu 5 m hoch werden. Sie ist immergrün und hat an ihren Zweigen angeordnete Laubblätter. Zwischen Sprossachse und Blattoberseite trägt sie Blütenstände mit 3 duftenden weißen Sternblüten. Der Duft ähnelt dem von Jasmin. Die Coffea arabica bildet rote Steinfrüchte aus, in denen sich jeweils

2 Samen befinden. Bei den Samen handelt es sich um die Kaffeebohnen. Sie ist außerdem selbstbestäubend. Die Pflanze ist äußerst sensibel und benötigt eine hohe Luftfeuchtigkeit, einen durchlässigen Boden und ein gemäßigtes und gleichbleibendes Klima mit Niederschlagsmengen von 1.500 bis 2.500 mm und Temperaturen, die dauerhaft zwischen 18 und 25 °C liegen sollten. Auch nachts sollten die Temperaturen nicht unter 15 °C fallen. Obwohl die Coffea Arabica einen Standort mit viel Licht bevorzugt, verträgt sie keine direkte Sonneneinstrahlung, weswegen sich eine Beschattung durch andere Pflanzen vorteilhaft auswirkt. Coffea Arabica-Pflanzen werden in tropischen bis subtropischen Regionen in Höhenlagen zwischen 600 und 2100 m angebaut, weil die klimatischen Gegebenheiten hier am vorteilhaftesten sind. Die Kaffeekirschen reifen binnen neun Monaten. Ein ausgewachsener und gesunder Kaffeebaum liefert einen Ertrag von ein bis fünf kg Kaffeekirschen.

Arabica-Bohnen haben eine ovale Form und vor der Röstung eine grünliche bis gelbliche Farbe. Ihr Einschnitt ist geschwungen bis S-förmig. Der Koffeingehalt liegt bei 1,1 bis 1,7 %, der Gehalt an Kaffeeölen zwischen 15 und 17 % und Zucker bei 6 bis 9 %. Wie alle Kaffeebohnen enthält auch die Arabica Chlorogensäure, die eine harntreibende Wirkung hat. Das Maß ist mit 6,5 % aber niedriger als bei

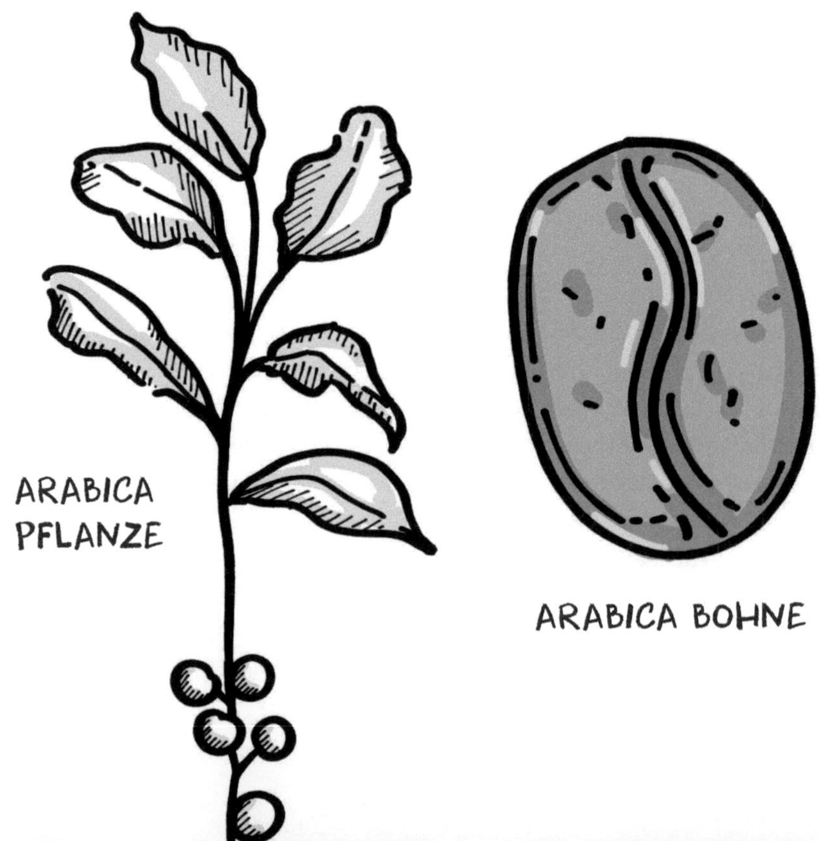

der Robusta. Das Aroma von Arabica-Bohnen gilt als äußerst vielfältig und kann in seinen Noten nach Herkunft, Reifezeit, Verarbeitung, Lagerung und Röstung variieren. Zu den Komponenten gehören süße, fruchtige und blumige Aromen. Nach der Röstung weisen die Bohnen einen intensiven Duft auf. Arabica-Kaffee wird auch als Berg- oder Javakaffee bezeichnet.

ROBUSTA BOHNE

Robusta liegt mit ca. 30 % auf Platz zwei im Kaffee-Welthandel. Man nennt Robusta-Kaffee auch Tiefland-Kaffee. Die Kaffeepflanze, die den Namen Coffea canephora trägt, wurde im 19. Jahrhundert in Zentral- und West-Afrika entdeckt und zunächst im Kongo kultiviert. Inzwischen baut man sie in Brasilien, Vietnam, Indonesien und Kolumbien an. Sie wächst ebenfalls als Baum oder Strauch und wird bis zu acht Meter hoch. Die Pflanze hat 22 Chromosomen und ist ein Flachwurzler. Auch sie bildet paarige Laubblätter und duftende Blüten aus. Die Kirschen wachsen eher zusammengehäuft und enthalten meistens zwei Samen. Die Coffea canephora gilt im Gegensatz zur Coffea arabica als deutlich robuster. Sie

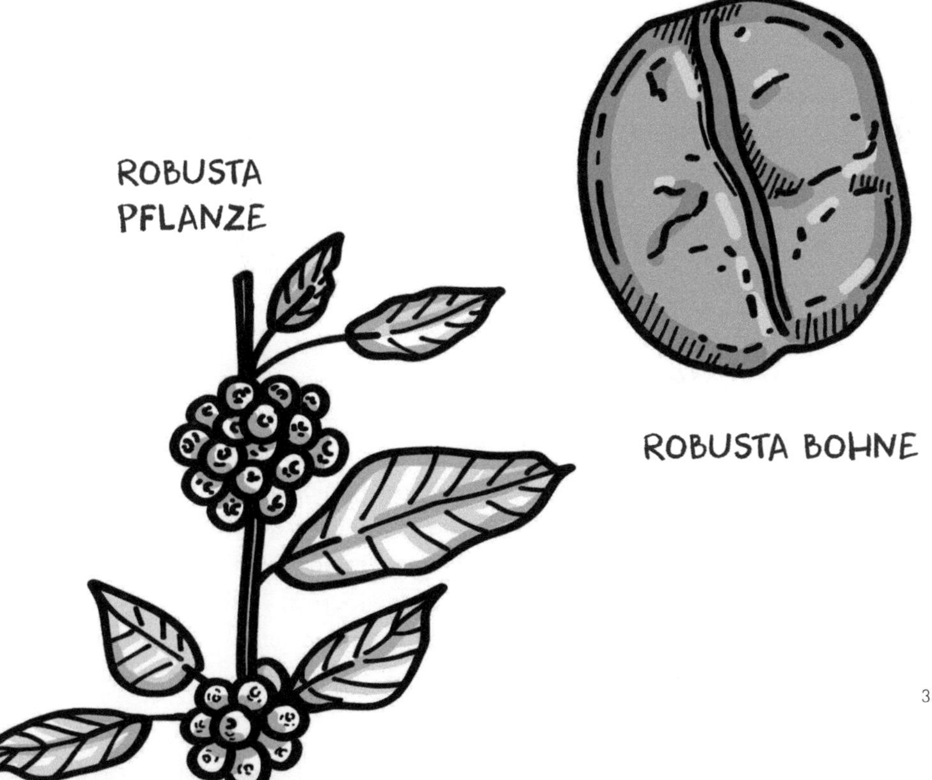

kann auch im Tiefland in Gebieten von Kakao- und Bananenplantagen angebaut werden, ist weniger anfällig für Schädlinge und liefert eine deutlich ertragreichere Ernte. Temperaturen zwischen 20 und 30 °C hält sie mühelos stand. Im Gegensatz zur Coffea arabica ist die Coffea canephora allerdings auf Fremdbestäubung angewiesen. Deswegen wird sie meist aus Stecklingen gezogen. Wird der Samen eines Baumes oder Strauchs von Pollen bestäubt, so weicht der Nachkomme ab. Infolgedessen ist eine Selektierung bei der Zucht immer wieder notwendig. Coffea canephora-Pflanzen werden im Abstand zu zwei m voneinander gepflanzt.
Die Robusta-Bohne ist vor der Röstung gelb-bräunlich, klein und hat eine runde Form. Ihr Einschnitt ist gerade. Der Koffeingehalt der Robusta-Bohne liegt zwischen 1,7 bis 3,5 %, der Ölgehalt bei 10 bis 12 % und der Zuckergehalt bei 3 bis 7 %. Der Chlorogen-Gehalt ist doppelt so hoch wie bei Arabica-Bohnen, wird durch die Röstung allerdings noch vermindert.

Robusta-Kaffee hat den schlechten Ruf, ein minderwertiger Kaffee zu sein. Das liegt daran, dass sich die Coffea canephora einfacher anbauen lässt und ertragreicher ist. Aus diesem Grund wird Robusta auch viel in Instant-Kaffeeprodukten verarbeitet. Außerdem ist die Bohne bitterer im Geschmack. Allerdings kommt es sehr stark auf die Qualität des Kaffees selbst an. Ein Robusta-Kaffee von guter Qualität kann sehr viele Geschmackskomponenten aufweisen. Hinzu kommt, dass die Robusta eine stabile Crema bildet, die insbesondere von Espresso-Trinkern geschätzt wird. Außerdem verfügt die Coffea canephora mit ihrem genetischen Material über sehr viel Potenzial, das vermutlich zum Teil noch gar nicht erforscht ist. Inzwischen sind die Ambitionen hinsichtlich der Züchtung eines qualitativ hochwertigen Robusta-Kaffees im Wandel. Lange gab es keinen Grund, einen Kaffee, dessen Preis auf dem Weltmarkt unter dem des Arabica-Kaffees lag, zu veredeln. Mit dem Klimawandel wird es jedoch schwieriger sein, Coffea arabica anzubauen. Für den Robusta bietet sich somit eine neue Gelegenheit, sich als hochwertiger Kaffee im Handel zu etablieren.

LIBERICA BOHNE

Die Coffea liberica wächst als Baum oder Strauch auf eine Höhe von 15 m heran. Auch ihre Blätter und Kirschen gelten als besonders groß. Entdeckt wurde die Coffea liberica wahrscheinlich 1827 in Sierra Leone. Im Handel findet man die Liberica-Bohne eher selten und dass, obwohl es unter den Kaffeekennern einige Liebhaber gibt. Die Liberica fristet eher ein Schattendasein, weshalb auch weniger über die Pflanze und die Bohne im Vergleich zu Arabica und Robusta bekannt ist. Sie wurde u.a. in Indonesien Ende des 19. Jahrhunderts angebaut, als ein großer Teil der Coffea arabica vom Kaffeerost vernichtet worden war. Die Coffea liberica wiederum gilt als immun. Allein dieser Umstand könnte ihr schon mehr Bedeutung für die Zukunft sichern. Die Pflanze bevorzugt die feuchten Tieflandtropen und Höhenlagen von bis zu 600 m mit jährlichen Niederschlagsmengen zwischen 1.600 und 2.400 mm, sowie Temperaturen zwischen 24 und 30 °C. Leichte Schwankungen bezüglich der Temperatur und Niederschläge kann sie tolerieren. Dafür benötigt sie einen größeren Abstand beim Pflanzen als die Coffea arabica und die Coffea canephora. Durch den hohen Zuckergehalt neigen die Früchte der Coffea liberica zur schnellen Gärung. Der Gärvorgang zieht u.a. den gefürchteten Kaffeebohrer oder Broca an. Der Kaffeebohrer ist ein Käfer, der sich in die Kaffeefrucht hineinfrisst und dort vermehrt. In Lateinamerika nutzten Kaffeebauern jedoch genau diesen Umstand und bauten die Coffea liberica gezielt auf ihren Plantagen an, um andere Pflanzen zu schützen. Sie diente dort als praktische Falle. Befallene Äste wurden weggeschnitten und verbrannt.

Die Bohne unterscheidet sich hinsichtlich ihrer Größe und der unregelmäßigen Form von den Arabica- und Robusta Bohnen, weist eine gelbliche Farbe auf und gilt als ziemlich hart. Der Geschmack des Kaffees wird häufig von dunklen, rauchigen, holzigen bis hin zu fruchtigen Noten dominiert, lässt sich aber mit keinem anderen Kaffee vergleichen. Liberica-Kaffee hat einige überzeugte Anhänger, andere wiederum können ihm nichts abgewinnen.

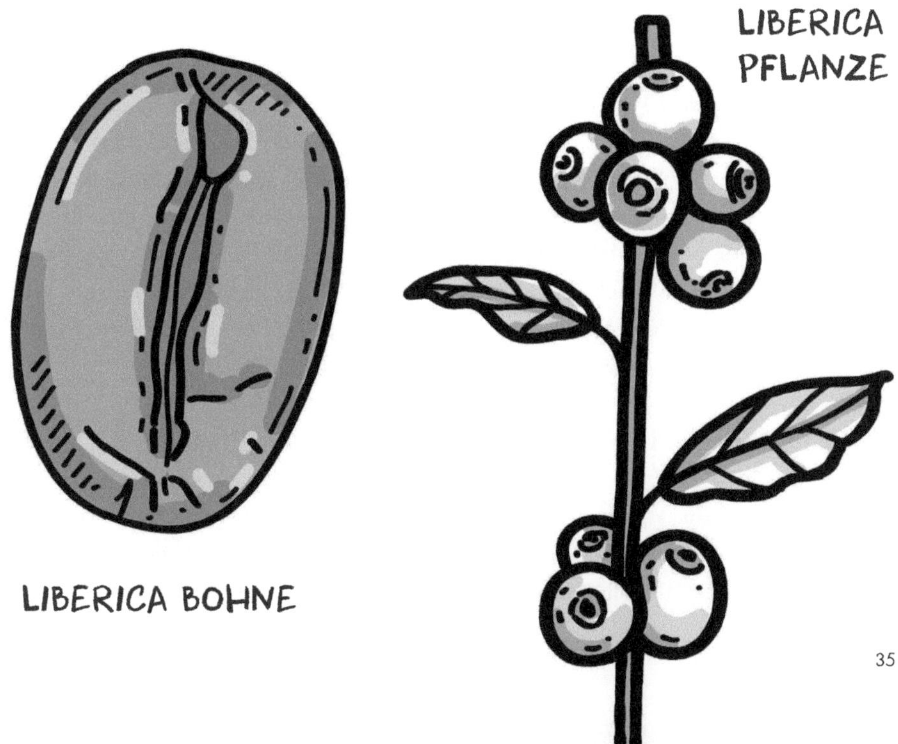

WEITERE BOHNENARTEN

Die Coffea excelsa wurde im Jahr 1903 in Afrika am Tschadsee entdeckt. Seit 2006 gilt sie jedoch offiziell als Varietät der Coffea liberica, was unter Kaffeespezialisten nicht unumstritten ist. Die Pflanze wurzelt tief und ist deswegen in der Lage, auch in trockenen Regionen zu gedeihen. Sie gilt als äußerst hitzebeständig und benötigt wenig Wasser. Wie auch die Coffea liberica kann die Coffea excelsa sehr hoch wachsen. Ihre Blätter weisen eine rötliche Farbe auf, die mit der Zeit in Grün übergeht. Die Reifezeit der Kirschen liegt zwischen 12 und 14 Monaten.

Die Bohne ist von der Größe her mit der Robusta-Bohne vergleichbar. Auch die Sorte Excelsa ist für den durchschnittlichen Arabica- und Robusta-Trinker zunächst gewöhnungsbedürftig. Excelsa-Bohnen werden vor allem direkt in den Anbauländern konsumiert. Sie sind jedoch auch in speziellen Kaffeegeschäften in Deutschland erhältlich und liegen aufgrund ihrer Seltenheit im hochpreisigen Segment. Das Aroma zeichnet sich durch herbe bis fruchtige Geschmackskomponenten aus.

Maragogype trägt auch den Beinamen Elefantenbohne. Es handelt sich um eine Kreuzung aus der Coffea arabica und der Coffea liberica. Entdeckt wurde sie 1876 in der kleinen Hafenstadt Maragogipe im brasilianischen Bahia. Die Pflanze hat dunklere und breitere Blätter als andere Kaffeepflanzen. Am besten gedeiht sie in der Sonne in Höhenlagen zwischen 400 bis 1.200 m. Die Pflanze Coffea maragogype gilt als wenig ertragreich.

Die Bohnen haben im getrockneten Zustand eine bläulich-graue Farbe. Die Maragogype-Bohne ist 40 % größer als eine Arabica-Bohne. Sie gilt als besonders mild und verträglich, da sie weniger Säure enthält. Der Koffeingehalt liegt insbesondere beim Hochlandkaffee niedriger, was darauf zurückzuführen ist, dass sie in diesen Höhen weniger Schädlingen und Fressfeinden ausgesetzt ist und ihren natürlichen „Giftstoff" nicht benötigt. Um 1900 waren Maragogype-Bohnen vor allem in Frankreich und schließlich am Hof des deutschen Kaisers sehr beliebt. Seit dem Ersten Weltkrieg nahm der Handel mit Deutschland aufgrund der schlechten Beziehungen mit Frankreich rapide ab.

Die Coffea stenophylla ist in unseren Breiten noch wenig bekannt und wurde erst kürzlich in Westafrika wiederentdeckt. In der Wildnis galt sie 2019 als vom Aussterben bedroht. Wie die Coffea liberica gilt sie als trockenheitstolerant und immun gegenüber dem Kaffeerost. Da das Aroma der Stenophylla-Bohnen mit denen der Arabica mithalten kann, wird sie als größter Hoffnungsträger für den

Kaffee in Anbetracht des Klimawandels gehandelt. Bereits Ende des 19. Jahrhunderts sagte man ihr das Potenzial nach, mit der Arabica konkurrieren zu können. Allerdings wurde sie im Laufe der Zeit aufgrund der längeren Reifezeit und des niedrigen Ertrags verdrängt. Wie die Coffea canephora verfügt die Pflanze über 22 Chromosomen. Ihre Blätter sind schmal mit langen Spitzen. Die Coffea stenophylla wächst als Strauch oder Baum am besten in Lagen zwischen 200 und 700 m Höhe. Sie verträgt sowohl höhere Niederschlagsmengen als auch Trockenheit und Hitze. Während der Trockenzeit passt sich die Pflanze entsprechend an und verfällt in eine Art Ruhezustand. Die Kaffeekirschen sind nicht rot, sondern untypischerweise schwarz gefärbt, weswegen man sie leicht in der Wildnis identifizieren kann.

Neben den verschiedenen Arten gibt es noch eine Vielzahl an Sorten und Varietäten. Die unterschiedlichen verarbeiteten Bohnen bilden hierfür die Grundlage. Jede Bohne hat die Veranlagung für bestimmte Eigenschaften und diverse Geschmacksrichtungen. Die eigentlichen Aromen werden am Ende vor allem durch das jeweils angewandte Röstverfahren, insbesondere die Maillard-Reaktion, den Strecker-Abbau und Karamellisierungsreaktionen bestimmt. Es gibt auch besonders exklusive Sorten wie Kopi Luwak und Monsooned Malabar, die sich aufgrund spezieller Verfahren noch mal von anderen Sorten abheben. Während beim Kopi Luwak die Verdauungsenzyme der Fleckenmusangs die Zusammensetzung und damit das später mögliche Aroma der Bohnen beeinflussen, wirkt sich beim Monsooned Malabar die Witterung darauf aus.

INHALTSSTOFFE

Zusätzlich zu den Aromastoffen, Kaffeeölen, Chlorogensäure und Koffein enthält eine Kaffeebohne auch Kohlenhydrate, vor allem Polysacharide, die durch die Röstung aber weitestgehend umgewandelt werden oder später als Kaffeesatz zurückbleiben. Außerdem lassen sich Proteine, weitere Säuren und Mineralien in der Kaffeebohne finden. Der Proteingehalt nimmt während der Röstung ab und wirkt sich wie die Kaffeeöle und Aromastoffe auf den Geschmack aus. Auch die 80 verschiedenen Säuren nehmen Einfluss auf die späteren Aromen. Darüber hinaus enthält Kaffee überdurchschnittliche viele Antioxidantien.

Wie bereits gelernt, war schon der ein oder andere Herrscher unsicher, ob es sich beim Kaffee um ein ungesundes Produkt handelte. So kam es u.a. zum legendären Kaffee-Experiment von Gustav dem III., falls es sich wirklich so zugetragen hat. Auch heute noch herrscht in der öffentlichen Wahrnehmung viel Unsicherheit darüber, ob es sich beim Kaffee nun um ein gesundes oder ein ungesundes Produkt handelt. Wer Kaffee trinkt, habe meist einen hohen Blutdruck, so heißt es. Kaffeetrinken fördere angeblich Schlaflosigkeit und entziehe dem Körper Wasser. Außerdem könne Kaffeegenuss auch zur Sucht werden. Doch was ist wirklich dran an diesen Behauptungen?

Grundsätzlich kann man im Hinblick auf die verschiedenen Arten, Sorten und Blends und deren verschiedenartigen Zusammensetzungen nicht von dem einen Kaffee sprechen. Verschiedene Kaffeebohnen haben zum Beispiel einen unterschiedlichen Koffein-Gehalt. Die Röstung wiederum wirkt sich auf die Säure aus. Möchte man also eine Aussage treffen, so ist diese äußerst oberflächlich und lässt sich nur auf die vielen verschiedenen Endprodukte der Arabica- und Robusta-Mischungen beziehen. Fakt ist außerdem, dass Kaffee bei jedem Menschen generell eine andere Wirkung erzielt. So wird das Koffein beispielsweise unterschiedlich schnell abgebaut und der wach machende Effekt dauert deswegen kürzer oder eben länger an. Das Alter, das Geschlecht, der gewohnte Konsum, der Lebensstil und die eigene genetische Veranlagung spielen ebenfalls eine Rolle. Ebenso verhält es sich mit der Wirkung auf den Magen-Darm-Trakt. Empfindliche Menschen vertragen zum Beispiel die im Kaffee enthaltenen Bitterstoffe oder Säuren schlechter, weswegen ihnen Kaffee im wahrsten Sinne eher auf den Magen schlägt. Doch nur weil diese Menschen einen Robusta-Kaffee schlechter vertragen, bedeutet es nicht, dass es sich auch bei einer Tasse aus reinen Maragogype-Bohnen so verhält. Was den Blutdruck angeht, so hat Kaffee wohl zumindest eine deutlich geringere Auswirkung, als man früher geglaubt hat. Nach Angaben der Deutschen Herzstiftung steigt der Blutdruck infolge des Kaffeekonsums in den ersten 30 Minuten um 10 bis 20 mmHG, sofern man nicht regelmäßig Kaffee konsumiert. Im letzteren Fall ist der Anstieg sogar deutlich geringer. Deswegen ist es auch den meisten Blutdruck-Patienten erlaubt, weiterhin Kaffee zu trinken.

Auch der Mythos, Kaffee würde dem Körper Flüssigkeit entziehen, hat sich letztendlich nicht bewahrheitet. Zwar wirkt Kaffee harntreibend (auch hier ist natürlich wieder die Kaffeesorte entscheidend), allerdings betrifft dies insbesondere Menschen, die unregelmäßig Kaffee trinken. Nicht zu vergessen ist außerdem, dass der Kaffee selbst mit Wasser zubereitet wird, was man wiederum dem Körper zuführt. Über den Tag verteilt lässt ein Kaffeetrinker auch nicht mehr Wasser, sodass der Kaffee selbst der Flüssigkeitszufuhr hinzugerechnet werden darf.
Die munter machende Wirkung des Kaffees kommt durch das enthaltene Koffe-

in zustande, welches das müde machende Adenosin von den Rezeptoren der Nervenzellen verdrängt. Darüber hinaus verengt Koffein die Gefäße und führt dazu, dass das Herz mit mehr Druck pumpt. Dies wiederum begünstigt eine steigenden Herz- und Atemfrequenz, was eine gute Blutversorgung des Gehirns gewährleistet. Und diese begünstigt das Konzentrationsvermögen und wirkt gegen Müdigkeit. So wird Kaffee besonders gerne am Morgen, bei der Arbeit oder von Studenten beim Lernen getrunken. Auch Sportler profitieren vom Koffein. Die verbesserte Sauerstoffaufnahme wirkt sich positiv im Ausdauersport aus. Durch das Blockieren von Adenosin wird auch eine größere Leistungsfähigkeit erreicht, weil das Erschöpfungsgefühl erst später einsetzt. Allerdings wirkt Kaffee auf viele Menschen auch abführend und ist deswegen nur für Sportler zu empfehlen, die ohnehin regelmäßig konsumieren.

Viele Menschen sorgen sich über Schadstoffe in Kaffeebohnen, insbesondere was die Art des Anbaus und die Verwendung von Pestiziden angeht. Grundsätzlich ist die Kaffeebohne innerhalb der Kirsche sehr gut geschützt. Auch durch die anschließende Verarbeitung und Röstung lassen sich am Ende keine bedenklichen Mengen an Giften oder Schwermetallen im Endprodukt nachweisen. Zwar ist es aus verschiedenen anderen Umweltschutzgründen empfehlenswert, zu einem Produkt aus ökologischem Anbau zu greifen. Der Kaffee selbst dürfte jedoch nicht belastet sein. Bedenkliche Bleirückstände können allerdings dann in den Kaffee gelangen, wenn man eine Espressomaschine oder einen Vollautomaten benutzt. Dies wurde bei mehreren Maschinen nach einer Entkalkung festgestellt. Laut Bundesinstitut für Risikobewertung können säurehaltigen Entkalkungsprodukte das Blei aus den Bauteilen der Maschine lösen, die auf diese Weise während der nächsten Zubereitung in den Kaffee oder Espresso gelangen. Deshalb sollte man als Besitzer einer Espressomaschine oder eines Vollautomaten die Maschine nach der Entkalkung vor der nächsten Zubereitung gründlich durchspülen.

Kaffeekonsum ist also grundsätzlich nicht ungesund. Doch ist er gesund? Und unter welchen Umständen wird dem Körper eventuell doch geschadet? Zwischen drei und vier Tassen Kaffee täglich gelten gemeinhin als gesund, wobei wieder Faktoren wie Alter, Geschlecht, Körpergewicht, die genetische Veranlagung und persönliche Umstände beachtet werden müssen. Schwangere und stillende Frauen, Kinder sowie Frauen, die unter Osteoporose leiden, sollten zum Beispiel deutlich weniger Kaffee konsumieren. Ein moderater Kaffeekonsum wirkt sich ansonsten positiv auf den Leberstoffwechsel aus, kurbelt den Stoffwechsel an und schützt die DNA vor Schäden. Laut einer Metastudie in Harvard haben moderate

Kaffeetrinker ein geringeres Risiko für Herz-Kreislauf-Erkrankungen. Bei höherem Kaffeekonsum erhöhte sich das Risiko zwar, war aber nicht so hoch wie das von Nicht-Kaffeetrinkern. Auch das Risiko, an Parkinson zu erkranken, ist bei Kaffeetrinkern laut einer in Geriatrics and Gerontology publizierten Metastudie geringer. Eine finnische Metastudie stellte darüber hinaus fest, dass Kaffeekonsum das Demenzrisiko um bis zu 65 % senkt.

Fälschlicherweise hatte die WHO Kaffee im Jahr 2016 als möglicherweise krebserregend eingestuft. Die Studie hatte jedoch außer Acht gelassen, dass viele Teilnehmer nicht nur Kaffeetrinker, sondern auch Raucher waren. Inzwischen wird vermutet, dass Kaffee das Krebsrisiko verschiedener Krebsarten, insbesondere Leber- und Gebärmutterkrebs sogar senken könnte.

Allerdings ist trotz dieser positiven Ergebnisse zu beachten, dass es sich bei den meisten Kaffee-Studien um sog. Korrelationsstudien handelt, die aufgrund der kaum zu erfassenden Komplexität der einzelnen Voraussetzungen von Studienteilnehmern und ihren Lebensumständen, kaum zu repräsentativen Kausalaussagen führen können. Kaffee kann sich grundsätzlich gesundheitsfördernd auswirken, muss es aber nicht. Der eigene Lebensstil wird dabei eine nicht minder wichtige Rolle spielen. Und wie bei allem macht auch beim Kaffee letztendlich die Dosis das Gift, wenn diese auch beim Kaffee sehr hoch sein müsste, um wirklich toxisch zu wirken.

Zuletzt stellt sich die Frage, ob man vom Kaffeetrinken süchtig werden kann und wie gefährlich ggf. eine solche Kaffeesucht ist. Wenn man eine Tasse Kaffee trinkt, dann verdrängt, wie bereits erwähnt, das Koffein das Adenosin an den Nervenzellen. Adenosin wirkt schlaffördernd und soll den Körper vor Überanstrengung schützen. Trinkt man regelmäßig Kaffee, bildet der Körper mehr Rezeptoren, um Adenosin aufnehmen zu können. Um die Adenosin-Wirkung durch Koffein zu mindern, also durch Kaffee wieder munter zu werden, muss man größere Mengen konsumieren. Wer nun regelmäßig große Mengen an Koffein zu sich nimmt, kann sich daran gewöhnen. Bei sog. chronischem Koffeinismus muss immer wieder Koffein zugeführt werden, damit es nicht zu Entzugserscheinungen kommt. Dazu gehören

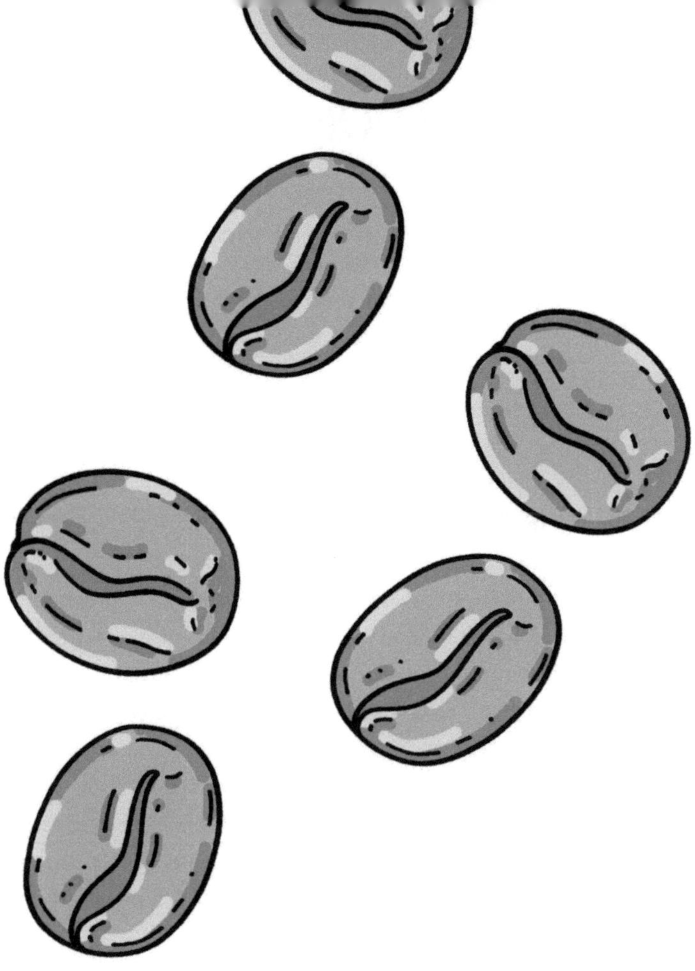

Kopfschmerzen, Müdigkeit, Reizbarkeit, Konzentrationsschwäche, depressive Verstimmungen, Antriebslosigkeit, Übelkeit und Muskelschmerzen. Chronischen Koffeinismus kann man dadurch bekämpfen, dass die Koffein-Dosis langsam wieder gesenkt wird. Koffein wirkt nicht wie beispielsweise Nikotin. Es kommt zu keiner Aktivierung des Belohnungssystems im Gehirn. Deswegen kann man bei Koffein nicht wirklich von einer Droge sprechen und bei Koffeinismus nicht von einer Sucht sprechen.

FEINE AROMEN UND GESCHMÄCKER

Bei einer Weinverkostung werden die Qualität und die unterschiedlichen Aromen eines Weins beurteilt. Es ist erstaunlich, wie viele Aromen sich in den verschiedenen Weinen verbergen. Die Zahl der identifizierten Aromen soll bei ca. 500 liegen. Doch das ist nicht einmal viel im Vergleich zu den im Kaffee vorhandenen Aromen. Hier geht man von ca. 800 aus. Bei der Zusammensetzung und Vielfalt an Aromen kommt es nicht nur darauf an, ob man sich für eine bestimmte Art wie Robusta, Arabica oder Liberica entscheidet. Es gibt dazu zahlreiche spezielle Sorten und Blends. Auch die Anbauregion und das Jahr beeinflussen das Endprodukt in nicht unerheblichem Maße. Klima, Niederschlagsmengen, der Boden und der Erntezeitpunkt bzw. die Reifezeit wirken sich auf die Komplexität an Aromen aus, die sich am Ende in der Kaffeetasse wiederfinden lassen. Doch das ist bei Weitem noch nicht alles. Die Aufbereitung, die anschließende Lagerung, die Röstung (Temperatur und Dauer), der Mahlgrad und letztendlich die Zubereitung (Methode, Wasser, Wassertemperatur, Verhältnis und ggf. Ziehzeit) prägen letztendlich den Kaffee und seine einzelnen Geschmackskomponenten. So können sich Kaffeebohnen derselben Art aus demselben Anbaugebiet stark voneinander unterscheiden. Kein Wunder also, dass sich inzwischen das sog. Kaffee Cupping, also die Kaffeeverkostung etabliert hat.

Um den Geschmack eines Kaffees zu bestimmen, kann das sog. Flavour Wheel das Specialty Coffee Association of America (kurz: SCAA) genutzt werden. Das Flavour Wheel wurde erstmalig im Jahr 1995 veröffentlicht und 2016 in Zusammenarbeit mit der gemeinnützigen landwirtschaftlichen Forschungs- und Entwicklungsorganisation World Coffee Research (WCR) aktualisiert und auf Grundlage des World Coffee Research Sensory Lexicon angepasst. Das World Coffee Research Sensory Lexicon ist das größte gemeinsame Forschungsprojekt zur Analyse von Kaffeearomen. Erfasst sind nussige, kakaoartige, süße, blumige, fruchtige, saure bis fermentierte, grüne bis pflanzliche und andere Komponenten sowie Noten von Röstungen und Gewürzen.

Echte Kaffee-Sommeliers gehen beim Kaffee Cupping so vor, wie es auch ihre Kollegen, die Wein-Sommeliers bei einer Weinverkostung tun. Zunächst wird über die Nase der Duft oder (wie es beim Wein heißt) das Bouquet aufgenommen. Man riecht so lange am Kaffee, bis alle Nuancen erfasst worden sind. Anschließend

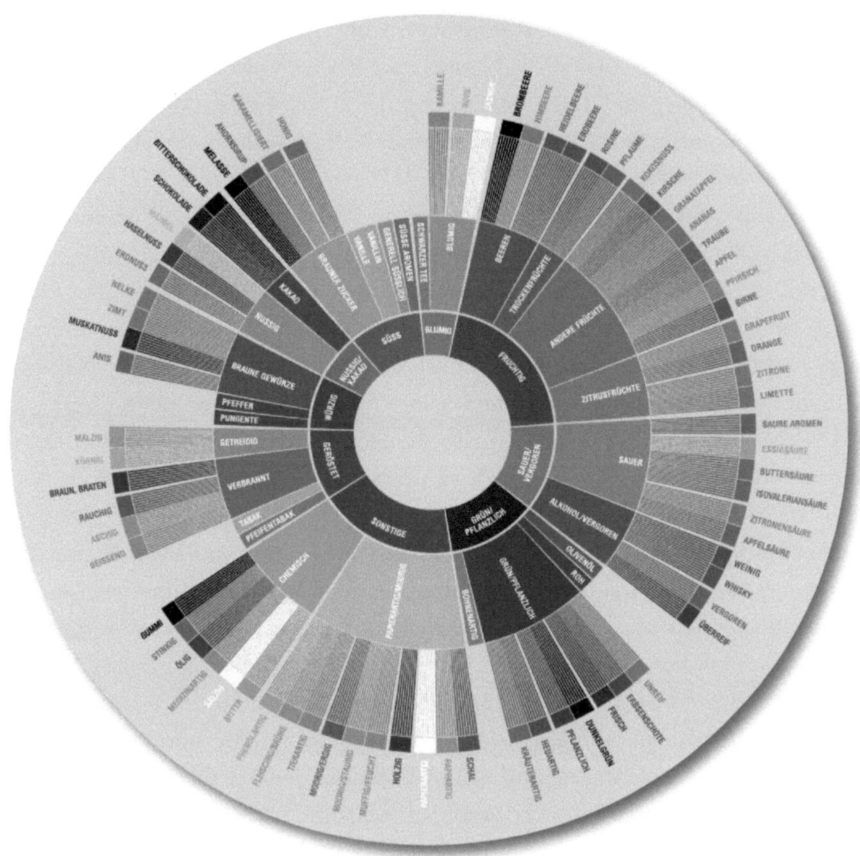

FLAVOUR WHEEL

Quelle:http://www.scaa.org/?d=scaa-flavor-wheel&page=resources

schlürft man ihn, behält ihn im Mund und erschmeckt mit der Zunge immer wieder die einzelnen Komponenten. Hierbei werden die komplexen Geschmackskompositionen, der Nachgeschmack und der Säuregehalt analysiert. Für den Laien ist es häufig schwer nachvollziehbar, was Experten alles riechen und erschmecken können. Dafür sind die Sinne nicht ausreichend geschult. Doch das ist auch nicht weiter schlimm, denn man kann seine Sensorik trainieren. Außerdem muss man kein Sommelier sein, um ein hervorragendes Getränk zu schätzen. Dies gilt für Wein und Kaffee gleichermaßen.

An dieser Stelle soll auch die „Third wave coffee"-Bewegung nicht unerwähnt bleiben. Diese entstand bereits in den 90er-Jahren in den USA und richtet sich darauf, Kaffee nicht als bloße Alltagsware wahrzunehmen, sondern als ein Genussmittel zu schätzen, ähnlich wie man es bei Pralinen, Wein, Scotch oder feinen Käse- oder Fleischspezialitäten tut. Die sog. Third wave oder dritte Welle soll auf den vorherigen erste und zweite Wellen einer Kaffeerevolution aufbauen. So wird die erste Welle in den Jahren 1930 bis 1960 verortet, in denen Kaffee erstmalig als Massenprodukt in den US-amerikanischen Geschäften auftauchte und für die breite Bevölkerung erschwinglich war. Sei es der Filterkaffee oder der Instant Kaffee. Die zweite Welle erfasst die Zeit zwischen 1960 und 1990, in der Espressobars und Kaffeespezialitäten mit Milch immer beliebter wurden, die man außer Haus trinkt und die mit dem ursprünglichen Geschmack von Kaffee nicht mehr allzu viel gemein haben. Die dritte Welle wird seit den 90er Jahren begründet und fordert eine Rückbesinnung hin zum qualitativ hochwertigen Kaffee. Der Wellenbegriff wurden von Trish Rothgeb von den Wrecking Ball Coffee Roasters im Jahre 2002 geprägt. Der Terminus „Third wave coffee" wurde von ihr erstmalig in einem Newsletter einer Röstergilde in den USA verwendet und Third wave coffee-Bewegung vor allem von den Kaffeeröstereien Intelligentsia Coffee aus Chicago, Stumptown Coffee aus Portland und Counter Culture aus Durham vorangetrieben. Inzwischen hat sie es bis nach Europa und nach Deutschland geschafft. Zu den Grundsätzen der Third wave coffee-Bewegung gehören das Interesse an der Herkunft und Produktion des Kaffees in den Anbauländern, ein Engagement für die Verbesserung der Anbau- und Arbeitsbedingungen vor Ort, sowie die Unterstützung kleiner Farmen oder des Waldkaffee-Anbaus. Man möchte sinngemäß weg vom Industriellen und von der Massenware und wieder hin zu mehr Qualität und Genuss. Allerdings verschließt sich die Third wave coffee-Bewegung nicht vor modernen Verfahren oder Anbaumethoden, denn es gilt das Beste aus der Kaffeebohne herauszuholen. Vielmehr spielen insbesondere die Wertschätzung der Vielfalt an Aromen eine Rolle. Der Kaffee wird mithilfe einer speziellen Rezeptur und traditionellen Verfahren zubereitet. Auf Zusätze wie Milch oder Sirup wird verzichtet. Der Kaffee soll bewusst als Genussmittel getrunken und seine Zubereitung zelebriert werden..

Kaffeegeschmack lässt sich auch messen. Der aus Syrien stammende und in der Schweiz lebende Professor für analytische Chemie, bioanalytische Chemie und Diagnostik an der Zürcher Hochschule für Angewandte Wissenschaften (ZHAW) Prof. Dr. Chahan Yeretzian forscht gemeinsam mit seinem Team mithilfe moderner Analysetechnik an der Zusammensetzung des Kaffees. Geräte wie Chromatographen und Massenspektrometer helfen dabei herauszufinden, wie genau die Art und die Geschwindigkeit bzw. flüchtige und nicht-flüchtige Inhaltsstoffe sich auf den Geschmack auswirken. Zu den wichtigsten Reaktionen während der Kaffeeröstung gehören die Maillard-Reaktion (Umwandlung von Aminosäuren und reduzierendem Zucker in neue Verbindungen), der Strecker-Abbau (der oxidative Abbau von alpha-Aminosäuren mit alpha-Dicarbonylverbindungen zu Aldehyden bzw. Ketonen) und Karamellisierungsreaktionen (Entwässerung von Zucker und Verbindung zu Polymeren, Ketonen und Aldehyden). Doch nicht nur das Aroma, sondern auch Substanzen mit Auswirkung auf die menschliche Gesundheit, lassen sich analysieren. Mit der Röstung kann sogar gezielt beeinflusst werden, wie hoch die Konzentration an gesundheitsfördernden Stoffen am Ende ist. Diese Stoffe entwickeln sich nämlich neben den Aromen aus den Vorläuferverbindungen in chemischen Reaktionen. Kaffee ist also im wahrsten Sinne eine Wissenschaft für sich.

DER WEG DER KAFFEEBOHNE

Wie bereits angemerkt, wird die Qualität und Geschmacksvielfalt des späteren Endprodukts bereits während des Anbaus und der anschließenden Verarbeitung begründet. Deswegen ist es wichtig zu verstehen, welche Anbauarten es gibt, wie Kaffeepflanzen auf den Plantagen wachsen und wie Ernte, Aufbereitung und die Röstung vonstattengehen.

ANBAU UND ERNTE

Man unterscheidet zwischen Waldkaffee bzw. Wildkaffee, der unter sehr natürlichen Bedingungen gedeihen kann, Gartenkaffee und Plantagenkaffee. Der Anbau auf Plantagen erfolgt oft im großen Stil. Die Pflanzen werden gedüngt, beschnitten und teilweise mit Pestiziden oder Insektiziden behandelt. Doch auch hier gibt es je nach Farm und Anbaugebiet Unterschiede.

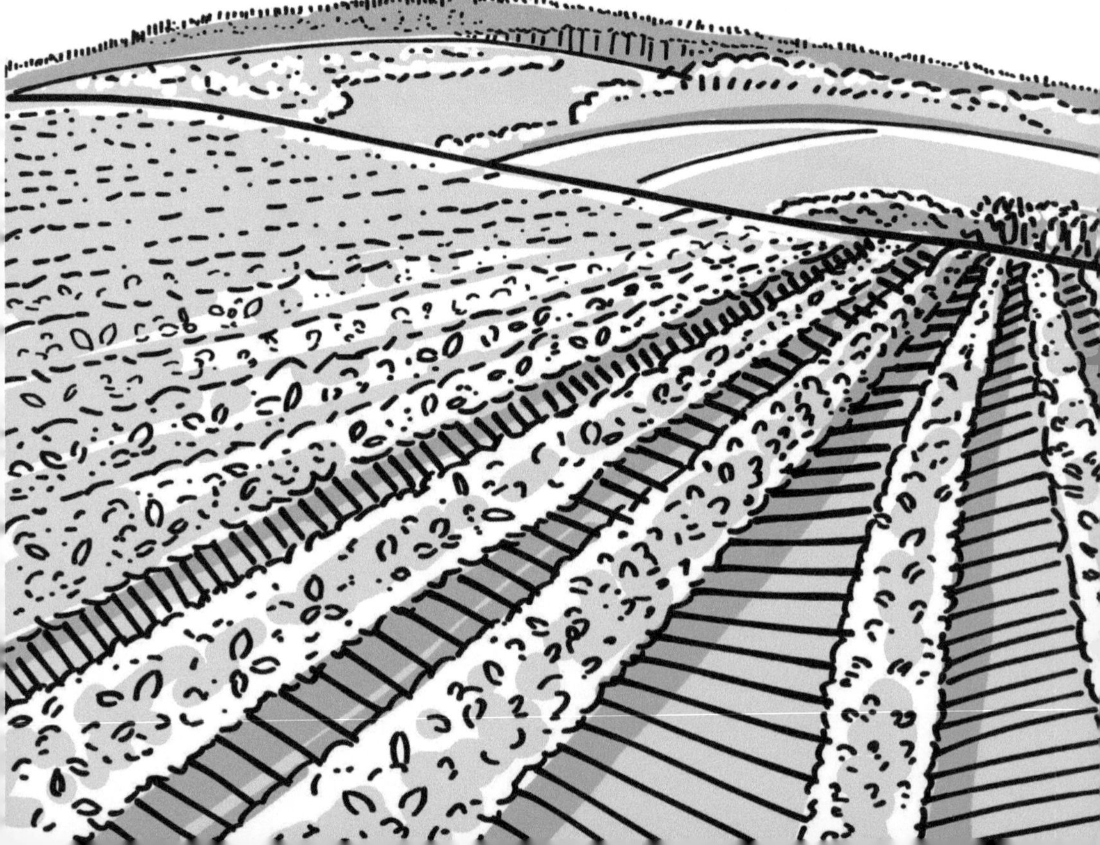

Um Kaffeepflanzen zu vermehren, können entweder Pflanzen aus Samen oder Stecklingen gezogen werden. Stecklinge bieten den Vorteil, Sorten artenrein zu halten. Dennoch werden neue Kaffeepflanzen meist aus Samen gezogen. Dabei wird ca. acht Monate altes Saatgut verwendet. In diesem Alter weisen die Samen ihre größte Keimfähigkeit auf. Vor dem Einpflanzen wird mit größter Sorgfalt das Fruchtfleisch abgelöst und die Samen verweilen für kurze Zeit in einem Wasserbad. Nur diejenigen, die untergehen, eignen sich am Ende für die Aussaat. Anschließend entfernt man die Pergamentschicht von den Samen und bedeckt sie mit nährstoffreicher Erde. Der daraus gewachsene Setzling wird nach einigen Wochen in ein Einzelbehältnis gepflanzt und ist nach weiteren pflegeintensiven acht Monaten schließlich groß genug, um auf die Plantage gesetzt zu werden. Das Auspflanzen erfolgt meistens während der Regenzeit. Je nach Sorte sind bestimmte Abstände einzuhalten. Außerdem ist darauf zu achten, dass die Pflanze richtig beschattet wird. Es dauert einige Jahre, bis die Kaffeepflanze ihre ersten Blüten ausbildet und fast ein weiteres Jahr (je nach Art sogar mehr als ein Jahr), ehe die ersten Früchte reif werden. Schon während dieser Zeit muss die Pflanze gepflegt und regelmäßig beschnitten werden. Anhand der Blüten lassen sich übrigens schon erste Prognosen über die mögliche Kaffee-Ernte aufstellen. Diese Prognosen bieten jedoch keine Sicherheiten. Dürren, Kälteperioden, zu niedrige oder zu hohe Niederschlagsmengen oder die Verbreitung von Kaffeerost können sich auf die gesamte Ernte auswirken. Je nach Kaffeeart bestäubt sich die Pflanze selbst (Coffea arabica) oder muss fremdbestäubt werden. Dazu werden Insekten wie zum Beispiel die afrikanische Honigbiene eingesetzt. Während der Reifung verfärbt sich die Frucht fast aller Arten rot. Die fertige Frucht oder Kirsche umfasst das Fruchtfleisch, die sog. Pulpe, in der normalerweise zwei Samen enthalten sind. Die darin enthaltenen Samen bzw. Bohnen sind von einer Pergamenthaut umhüllt und durch ein Silberhäutchen geschützt. Nach sechs bis acht Jahren ist die Kaffeepflanze maximal ertragreich. Nach 20 bis 25 Jahren bringt sie kaum noch lohnenswerte Erträge und wird durch eine neue Pflanze ersetzt.

Die Erntezeit findet einmal im Jahr (in wenigen Anbauländern sogar zweimal im Jahr) statt und beträgt etwa sechs bis acht Wochen. Wann genau geerntet wird, hängt auch von der jeweiligen Region und natürlich den klimatischen Gegebenheiten ab. Die Kaffeekirschen sind normalerweise nicht alle zur selben Zeit reif. So wachsen an einem Ast derselben Pflanze häufig nebeneinander grüne (unreife), rote (reife) und schwarze (überreife) Kirschen, manchmal sogar zeitgleich Blüten. Verschiedene Erntemethoden werden diesem Problem unterschiedlich gerecht. Beim Picking werden die reifen Kirschen per Hand gepflückt. Die Ernte findet in Wellen statt und wird meist nach 14 Tagen wiederholt, sodass unreife Kirschen auch noch nach ihrer Reifung zu einem späteren Zeitpunkt geerntet werden können. Die Picking-Methode gilt als besonders arbeitsintensiv und teuer, obgleich Erntehelfer meist sehr schlecht bezahlt werden. Beim Stripping wird der Moment abgepasst, an dem die meisten Kirschen reif sind. Es wird nicht zwischen reifen und unreifen Kirschen selektiert, sondern der gesamte Strauch wird unabhängig vom Reifegrad der Früchte mitsamt seiner Blätter mithilfe von kamm- oder krallenartigen Werkzeugen abgeerntet. Diese Erntemethode geht schneller und ist entsprechend billiger. Werden Früchte noch nachträglich vom Boden aufgesammelt oder befinden sich reife und überreife Früchte gemeinsam zu lange in einem Behältnis, kann hier aber der Gärungsprozess beschleunigt werden, was zulasten der Qualität geht. Außerdem werden beim Stripping die Pflanzen oft beschädigt.

Noch schneller und günstiger gelingt die Ernte nur mit großen Erntemaschinen, die jedoch ebenfalls die Pflanzen stark beschädigen können. Die größte Qualität eines Kaffees kann durch die Picking-Methode gewährleistet werden. Nach der Ernte werden die Kaffeepflanzen gewässert, gedüngt und beschnitten. Insbesondere nach der Stripping- und der mechanischen Methode benötigen sie Zeit, um sich bis zur nächsten Erntesaison zu erholen.

AUFBEREITUNG

Nach der Ernte folgt die Aufbereitung. Diese wird fast immer im Anbauland selbst vorgenommen. Zunächst werden dabei die Samen bzw. die Bohnen von ihrer Umhüllung getrennt. Man unterscheidet sodann zwischen nasser und trockener Aufbereitung. Die Methode hat einen großen Einfluss auf die Qualität des Endprodukts. Etwa 90 % der Arabica-Bohnen im größten Anbauland Brasilien, sowie fast alle Robusta-Bohnen werden trocken aufbereitet.

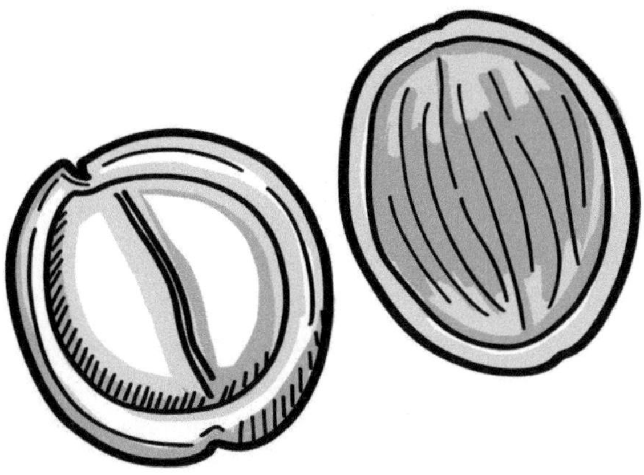

Bei der trockenen Aufbereitung werden die Kaffeekirschen vorsortiert, händisch und per Sieb gereinigt und über mehrere Wochen auf Matten oder Terrassen in die Sonne gelegt, ehe man die Bohnen von ihrer restlichen Umhüllung befreit. Bis zu vier Wochen kann es dauern, bevor der Feuchtigkeitsgehalt der Kirschen auf die gewünschten 12,5 % kommt. Während des Trocknens werden die Kirschen regelmäßig mit einem Rechen gewendet. Bei Nacht müssen sie abgedeckt werden, um sie vor Fressfeinden und Feuchtigkeit abzuschirmen. Die Kaffeekirschen dürfen nicht zu lange trocknen, da sie ansonsten brüchig werden. Sind sie hingegen noch zu feucht, neigen sie zu Schimmel- und Pilzbefall. Die vertrocknete Umhüllung wird später entweder per Hand oder maschinell entfernt. Vor dem Export werden die Bohnen in Mühlen geschält und sortiert.

Beim nassen Aufbereitungsverfahren oder Washing werden die Kirschen in einem Wasserbecken gewaschen und vorsortiert. Anschließend trennen Maschinen während des sog. Pulpings die Bohnen vom Fruchtfleisch. Die Maschine muss auf eine bestimmte Größe der Kaffeekirsche eingestellt sein, damit dies gelingt. Deswegen ist es wichtig, die Kirschen entsprechend vorzusortieren. Nach dem Pulping verbleiben die Bohnen zwischen 12 und 36 Stunden in Gärtanks. In dieser Zeit wird auch der Rest der Umhüllung durch die Fermentation mithilfe von natürlichen Enzymen von den Bohnen gelöst. Dieser Schritt wird sorgfältig überwacht, damit kein zu saures Aroma entsteht. Nachdem die Bohnen anschließend gewaschen und von allen Rückständen wie der Pergamenthaut befreit werden, lässt man sie zwischen 8 und 15 Tagen trocknen. Die Trocknung erfolgt entweder auf Matten oder Terrassen, in mechanischen Trocknern oder man kombiniert die beiden Methoden miteinander. Auch hier müssen die Bohnen regelmäßig gewendet werden. Erst vor dem Export werden die Bohnen geschält. Während der nassen Aufbereitung entstehen feine Säuren, weswegen diese Methode sich besonders gut auf die Qualität der Bohnen auswirkt. Für die nasse Aufbereitung eignen sich fast ausschließlich handgepflückte Früchte, da mit dieser Methode keine allzu großen Mengen verarbeitet werden können und die Aufbereitung spätestens 24 Stunden nach der Ernte erfolgen muss. Pro Kilogramm Rohkaffee werden beim nassen Aufbereitungsverfahren ca. 100 Liter Wasser verbraucht.

Als eine Art Mittelweg gibt es noch die halbtrockene Aufbereitung, bei welcher die Bohnen zwar ebenfalls in Wasser verarbeitet werden, allerdings der anschließende Fermentationsprozess entfällt. Die halbtrockene Aufbereitung soll sich an der nassen Aufbereitung orientieren, wird allerdings in Gegenden angewendet, in denen Wasser gespart werden muss. Allerdings konnte sie sich nie durchsetzen und wird auch nicht mehr häufig praktiziert. Letztendlich ist es vorteilhafter, die Wahl zwischen der günstigeren trockenen Aufbereitung oder der teureren, schnelleren nassen Aufbereitung zu

treffen, die ein besseres Ergebnis liefert.
Nach der Aufbereitung werden die Bohnen häufig noch poliert, was eigentlich nur der Optik dient. Anschließend werden die Kaffeebohnen üblicherweise erneut sortiert, da einige Bohnen nach der Verarbeitung Insektenfraß zum Opfer fallen. Bei sehr billigen Kaffeebohnen fällt diese Sortierung aus. Der Bestandteil solcher Bohnen kann sogar bis zu 25 % ausmachen. Ehe die Bohnen versandt werden, müssen sie noch ein bis zwei Monate einlagern. Bis auf wenige Ausnahmen transportiert man Kaffeebohnen heute nicht mehr in Säcken, sondern in praktischen Containern.

RÖSTUNG

Während die Aufbereitung meist Sache der Anbauländer ist, wird die Röstung oder auch Veredelung häufig in den Verbraucherländern durchgeführt. In Deutschland soll es über 1.500 Kaffeeröstereien geben. Zu den bekanntesten gehören Tchibo, Jacobs, Dallmayr, Melitta, Aldi und Darboven. Die Röstung soll es letztendlich sein, die am meisten Einfluss auf das Aroma nimmt. Es gibt verschiedene Röstmethoden, darunter die Heißluftröstung und die Trommelröstung. Bei allen Röstungen werden die rohen Kaffeebohnen erhitzt. Wie bereits erwähnt, ist die Maillard-Reaktion während der Röstung besonders relevant. Die Maillard-Reaktion wurde vom französischen Wissenschaftler Louis Camille Maillard bei seinen Studien über die Reaktion von Aminosäuren mit Glykosiden bei erhöhten Temperaturen entdeckt, die er 1913 veröffentlichte. Der Mechanismus der Maillard-Reaktion wurde jedoch durch den US-amerikanischen Chemiker John E. Hodge erstmalig beschrieben. Bei der Maillard-Reaktion handelt es sich um eine nicht-enzymatische Bräunungsreaktion, die man beispielsweise vom Braten eines Steaks oder vom Brotbacken kennt. Sie bezeichnet nicht eine bestimmte chemische Reaktion, sondern beinhaltet mehrere komplexe Vorgänge, die nebeneinander und nacheinander ablaufen. Die Prozesse können nur teilweise beeinflusst werden. Man vermutet etwa 1.000 unterschiedlichen Reaktionsergebnisse. Durch die Maillard-Reaktion werden Kaffeebohnen, aber auch andere Lebensmittel haltbarer, entwickeln bestimmte Röstaromen und ändern ihre Farbe. Je heißer es ist, umso höher ist die Reaktionsgeschwindigkeit, weswegen Kaffeebohnen üblicherweise bei Temperaturen zwischen 180 °C und 250 °C geröstet werden. Neben der Maillard-Reaktion kommt es zur Karamellisierung des in den Bohnen enthaltenen Zuckers. Eine gekonnte Röstung gilt als ein schwieriges Handwerk, das nur wenige Röstmeister tatsächlich beherrschen. Qualitativ hochwertige Kaffees weisen immer unterschiedliche Geschmacks- und Duftkomponenten auf, je nachdem aus welcher Röstung sie stammen.

Zu den bekanntesten Röstungsmethoden zählen die Heißluft- und die Trommelröstung. Kleinere Kaffeeröstereien verwenden häufig einen Trommelröster. Bei dieser Methode werden rotierende Trommeln von außen erhitzt und die Bohnen anschließend gekühlt. Es werden im Gegensatz zur Heißluftröstung deutlich geringere Mengen verarbeitet. Die Röstung erfolgt bei Temperaturen von ca. 200 °C und dauert zwischen 10 und 18 Minuten. Sie gilt als besonders schonend. Beim Trommelröstungs-Verfahren wird auch am meisten Chlorogensäure abgebaut, weswegen Kaffee-Fans mit einem empfindlichen Magen diesen manchmal besser vertragen. Kaffeebohnen aus der Trommelröstung weisen eine leichtere Säure und weniger Bitterstoffe auf. Die industrielle Heißluftröstung erfolgt häufig bei Temperaturen zwischen 200 °C und 240 °C und dauert nur wenige Minuten an. Sie kann jedoch auch bei einer deutlich höheren Temperaturkurve und in kürzerer Zeit durchgeführt werden. Auch hier müssen die Bohnen im Anschluss abkühlen, damit sie nicht nachrösten.

Zu den bekanntesten Röstungsmethoden gehören die Heißluft- und die Trommelröstung. Kleinere Kaffeeröstereien verwenden häufig einen Trommelröster. Bei dieser Methode werden rotierende Trommeln von außen erhitzt und die Bohnen anschließend gekühlt. Es werden im Gegensatz zur Heißluftröstung deutlich geringere Mengen verarbeitet. Die Röstung erfolgt bei Temperaturen von ca. 200° C und dauert zwischen 10 und 18 Minuten. Sie gilt als besonders schonend. Beim Trommelröstungs-Verfahren wird auch am meisten Chlorogensäure abgebaut, weswegen Kaffee-Fans mit einem empfindlichen Magen diesen manchmal besser vertragen. Kaffeebohnen aus der Trommelröstung weisen eine leichtere Säure und weniger Bitterstoffe auf. Die industrielle Heißluftröstung erfolgt häufig bei Temperaturen zwischen 200° C und 240° C und dauert nur wenige Minuten an. Sie kann jedoch auch bei einer deutlich höheren Temperaturkurve und in kürzerer Zeit durchgeführt werden. Auch hier müssen die Bohnen im Anschluss abkühlen, damit sie nicht nachrösten.

Neben den unterschiedlichen Röstverfahren gibt es noch das Röstprofil, sowie verschiedene Röststufen. Das Röstprofil ergibt sich aus der Temperatur, deren Anstieg und Reduktion und der Dauer der Röstung. Hier wird also klar, dass Bohnen aus einer Trommelröstung und aus einer Heißluftröstung ganz unterschiedliche Profile aufweisen, die sich entsprechend auf die späteren Aromen auswirken. Daneben gibt es die verschiedenen Röststufen bzw. Röstgrade. Zu den bekanntesten Röstgraden zählen die helle Röstung, die mittlere Röstung und die dunkle Röstung, die nach den jeweiligen Verfärbungen der Bohnen bezeichnet werden. Experten unterscheiden sogar zwischen fünf Röstgraden, wobei die fünfte Stufe als sog. italienische Röstung vor allem bei Espresso-Bohnen eine Rolle spielt. Die Röstgrade bestimmen sich nach ihrer Rösttemperatur. Um den Röstgrad möglichst genau zu bestimmen, zieht man neben der Temperatur und der Optik, den Geruch und die Geräusche heran. So achten Röstmeister auf den sog. ersten Crack oder First Crack, der ab einer Temperatur von 200 °C zu hören ist und ähnlich wie das Ploppen von Popcorn klingt. Das Geräusch entsteht, wenn die Zellwände der Kaffeebohnen aufplatzen. Hellere Röstungen sind zu diesem Zeitpunkt schon fertig. Der 2. Crack bzw. Second Crack tritt bei Temperaturen ab 224 °C auf. Dieser ist für dunkle Röstungen relevant. Der Second Crack zeigt an, dass die Bohne langsam anfängt, zu verkokeln, was bei dunklen Röstungen bis zu einem gewissen Grad aber erwünscht ist.

Helle Röstungen werden auch Zimtröstungen oder skandinavische Röstungen genannt. Der Name Zimtröstung bezieht sich auf ihre hellbraune bis goldbraune Farbe. Sie enthalten charakteristischerweise leichte, erdige und fruchtige Geschmacksaromen bis hin zu Zitrusnoten und weisen den höchsten Säuregehalt auf. Helle Röstungen sind bei Anhängern der Third wave coffee-Bewegung sehr beliebt. Das gilt insbesondere für die City Roast Plus-Röstung, bei der auch Bitterstoffe zur Geltung kommen.

Mittlere Röstungen enthalten je nach Röstung gleichermaßen Säure und herbe Röstaromen. Sie weisen teilweise schokoladige, aber auch fruchtige Nuancen auf. Die Karamellisierung ist meist noch nicht so weit fortgeschritten, dass sich Bitterstoffe gebildet haben. Dunkle Kaffeeröstungen enthalten weniger Säuren und mehr Röstaromen und schmecken schokoladig, rauchig, bitter und kräftig. Wiener Röstung weist noch feine Säuren auf, während die französische Röstung ihren Fokus bereits auf den kräftigen Röstnoten hat. Diese sind bei der italienischen Röstung noch stärker ausgeprägt. Je dunkler die Röstung, umso mehr Öle treten aus der Kaffeebohne aus. Dunkle Röstungen gelten aufgrund ihres niedrigen Säuregehalts als verträglicher. Insofern eignet sich für empfindliche Kaffee-Genießer am besten eine dunkle Röstung aus der Trommelröstung, wobei natürlich die Art der Bohne auch eine Rolle spielt. Die Arabica-Bohne ist grundsätzlich von Natur aus säurearmer als die Robusta.

MAHLGRAD UND LAGERUNG

Schließlich kommt es auch auf den Mahlgrad des Kaffees an. Insgesamt gibt es fünf verschiedene, die der jeweiligen Zubereitungsart angepasst werden sollten. Je kürzer die Kontaktzeit mit dem Wasser ist, umso feiner muss gemahlen werden. Verwendet man einen feinen Mahlgrad bei einer langen Kontaktzeit, so kommt es zur sog. Überextraktion. Das heißt, es gelangen Inhaltsstoffe in das Getränk, die nicht aus der Bohne herausgelöst werden sollten und üblicherweise zu einem unangenehmen Geschmack führen. Von einer Überextraktion spricht man ab einer Extraktionsrate von 22 %. Im Gegensatz dazu gibt es die Unterextraktion. Übrigens bildet der Mokka hierbei die Ausnahme. Durch die fein gemahlenen Bohnen und die lange Brühzeit kommt es zwar ebenfalls zu einer Überextraktion, die aber durch die Zugabe von Zucker nicht negativ

auffällt. Feine Mahlgrade sind ansonsten für die Zubereitung von Espresso und Kaffee im Vollautomaten zu empfehlen. Für Espressokannen, Filterkaffeemaschinen, Chemex und Handfilter ist die mittlere Mahlung die richtige Wahl. Bei der French Press eignet sich am besten ein grober Mahlgrad.

Neben dem Mahlgrad spielt tatsächlich auch der Härtegrad des Wassers eine Rolle. Immerhin macht Wasser bis zu 98 % des Kaffees aus. Am besten empfiehlt sich weiches Wasser mit einem Härtegrad von 8 °dH. Ist das Wasser deutlich härter, dann werden die feinen Säuren neutralisiert. Doch tatsächlich kommt dem Wasser auch die Aufgabe zu, Bitterstoffe und Säuren etwas abzumildern. Ist der Härtegrad des Wassers weicher als 4 °dH, schmeckt der Kaffee eher bitter und säuerlich.

Der Geschmack kann darüber hinaus durch das Mischen von Bohnen, sowohl vor- als auch nach der Röstung, beeinflusst werden. Sog. Blends entstehen durch das Vermengen von unterschiedlichen Arten oder Sorten sowie durch dieselben Arten und Sorten aus unterschiedlichen Anbaugebieten. Wie bereits erklärt wurde, variieren die Bohnen je nach Boden und Klima. Im Gegensatz dazu stehen die reinen und ungemischten Bohnen, die man als Single Origin bezeichnet. Ein Single Origins gilt als besonders hochwertig, da bei diesem nur die besten Bohnen verarbeitet werden. Noch weiter geht es bei einem Single Estate Coffee, der sich beispielsweise nur auf eine einzelne Hanglage bezieht, von dem wiederum die besten Bohnen ausgewählt werden. Einer der Hauptgründe, weshalb man Bohnen zu Blends mischt, ist die Gewährleistung einer gleichbleibenden Qualität. Denn nicht jede Ernte kann gleichermaßen überzeugen. Ein weiterer Vorteil von Blends ist, dass man bestimmte positive Eigenschaften besonders betonen oder negative abmildern kann. Wichtig ist, dass die unterschiedlichen Bohnen dieselbe Röstzeit und Temperaturkurve vertragen. Dabei ist u.a. die Größe entscheidend. Aus diesem Grund findet man nur selten Blends, in denen die großen Maragogype-Bohnen Bestandteil sind. Ob Blends hoch- oder minderwertig sind, kommt darauf an, weshalb man sie gemischt hat. Es gibt Blends, die gerade ganz bestimmte Geschmackskompositionen herausbilden sollen. Dies lässt sich mit Teemischungen vergleichen, die gezielt zur Schaffung eines gewissen Geschmacksmusters kreiert werden. Auf der anderen Seite nutzt man manche Blends leider auch dazu, minderwertige Bohnen unterzubringen. In guten Blends sollten nicht mehr als vier verschiedene Sorten von Bohnen verarbeitet sein.

Zuletzt sind die besten Bohnen nicht lange geschmackvoll, wenn die Lagerung nicht stimmt. Licht, Sauerstoff und Wärme machen den Bohnen zu schaffen. Die Oxidation löst Öle, Wachse und Fette und lässt das Aroma entweichen. Dadurch wird der Kaffee ranzig und fad im Geschmack. Ungeröstete Bohnen sind bei richtiger Lagerung etwa vier bis fünf Jahre haltbar, geröstete Bohnen zwei bis drei Monate und gemahlener Kaffee ein paar Wochen. Am besten lagert man Kaffee als ganze Bohnen an einem dunklen und kühlen Ort, an den möglichst keine Feuchtigkeit und kein Sauerstoff hingelangen. Der Kühlschrank ist für die Lagerung von Kaffee definitiv der falsche Ort, denn Kaffee nimmt Geruchsstoffe und Aromen um sich herum auf, was ihn selbst negativ beeinflusst. Spezielle Kaffeevorratsdosen oder Verpackungen mit Ventil gewährleisten die längste Lebensdauer. In Verpackungen mit Aromaventil können frisch geröstete Bohnen Kohlendioxid ausgasen, ohne dass Luft von außen nach innen gelangen kann. Verpackungen und Dosen sollten in der Vorratskammer oder im Küchenschrank aufbewahrt werden.

ZUBEREITUNG – MÖGLICHKEITEN UND UNTERSCHIEDE

Im Laufe der Zeit haben sich viele verschiedene Methoden entwickelt, Kaffee zuzubereiten. Während in den deutschen Haushalten mehrheitlich noch die Filtermaschinen am beliebtesten sind, finden sich dort in den letzten Jahren auch immer mehr Kapsel- und Padmaschinen oder Vollautomaten. Doch auch die klassischen Kaffeebereiter werden nach wie vor genutzt. Die Handfilter-Methode und die Karlsbader Kanne erleben gerade im Rahmen der Third-Wave-Bewegung ein regelrechtes Comeback. Der Kaffeezubereitung sind mittlerweile kaum noch Grenzen gesetzt. Mit der Kunst des Kaffeekochens beschäftigen sich nicht nur Barista, sondern auch vermehrt die Konsumenten. Es gibt Meisterschaften für die besten Kaffeezubereitungen und sogar Zeitschriften und Magazine, die sich mit diesem Thema befassen. Je nach Interesse und Aufwandsbereitschaft lässt sich für jeden Kaffeetrinker die richtige Kaffeemaschine und Zubereitungsart finden. Um die besten Ergebnisse zu erreichen, sollten immer hochwertige Kaffeebohnen verwendet werden, die im besten Fall frisch gemahlen sind. Um eine möglichst präzise Mahlung zu erreichen, lohnt es sich, in eine erstklassige Kaffeemühle zu investieren. Dies gilt besonders für Zubereitungsarten, die eine besonders feine Mahlung erfordern wie Mokka.

Ein Vollautomat gehört wie auch Kapsel- und Padmaschinen eher in den Bereich der hochpreisigen Kaffee- und Espressomaschinen. In einem Vollautomaten werden Kaffeemühle, Kaffeemaschine und/oder Espressomaschine und manchmal ein Milchaufschäumer im selben Gerät vereint. Auch die Reinigung und Entkalkung funktioniert halbautomatisch. Damit die Maschine betriebsbereit ist, müssen regelmäßig Wasser in den Wassertank und Bohnen in den jeweiligen Behälter gefüllt werden. Vollautomaten werden stetig weiter entwickelt und haben inzwischen auch immer mehr integrierte smarte Funktionen. So lässt sich bei einigen Geräten zum Beispiel programmieren, wann der Kaffee zubereitet werden soll. Außerdem ist es bei manchen Geräten möglich, Tee oder Kaffeespezialitäten wie Latte macchiato zuzubereiten. Im Gegensatz zur klassischen Filtermaschine bereitet der Vollautomat nur ein oder zwei Tassen Kaffee zu, deren Größe und Intensität der Nutzer variieren kann. Nach dem Einschalten überprüft der Vollautomat zunächst seine Funktionen und geht in eine kurze Aufwärmphase des Durchlauferhitzers über. Auf diese Weise kann das Wasser auf Brühtemperatur gebracht werden. Während der Eingangsphase startet der

Vollautomat außerdem sein integriertes Spülprogramm. Das ist wichtig, um Schimmelrückbildung zu vermeiden und die Maschine sauber zu halten.

Startet man nun ein Programm, beginnt die Maschine die Bohnen zu mahlen. In Vollautomaten gibt es ein verbautes Mahlwerk. Typische Mahlwerke sind das Scheibenmahlwerk, das Kegelmahlwerk und das Schlagmahlwerk. Beim Scheibenmahlwerk werden die Bohnen zwischen zwei nach innen gewölbten Scheiben gemahlen. Eine davon rotiert mit ca. 1.500 Umdrehungen pro Minute, während die andere starr montiert ist. Das sorgt für ein gleichmäßiges Ergebnis. Zu kritisieren ist jedoch, dass Scheibenmahlwerke durch schnelle Überhitzung keine lange Lebensdauer haben. Kegelmahlwerke mahlen ebenfalls mit zwei Scheiben. Eine davon hat eine Kegelform, die andere bildet ihr Gegenstück. Auch hier ist die untere Scheibe fest montiert. Die Kegelscheibe rotiert jedoch deutlich langsamer und erreicht nur 400 Umdrehungen pro Minute. So erreicht das Mahlwerk nicht nur eine gleichmäßige Mahlung, sondern ist auch deutlich robuster als das Scheibenmahlwerk. Nicht zu empfehlen ist das Schlagmahlwerk. Die Mahlung mit den rotierenden Schlagmessern führt zu ungleichmäßigen Ergebnissen. Außerdem neigen auch die Schlagmesser zur Überhitzung. Über einen Kolben gelangt das Pulver in die Brüheinheit, wo es komprimiert wird. Über die Pumpe gelangt das Wasser mit einem Druck von ca. 15 bis 18 bar hinein. Dieser hohe Druck ist nötig, um innerhalb der Brüheinheit einen Druck von 7,5 und 9 bar zu erlangen. Der zusammengepresste Kaffeesatz, den man auch als Trester bezeichnet, wird in einen Auffangbehälter befördert. Viele Vollautomaten sind in der Lage, den Wasserstand im Kaffeetank und die Fülle im Bohnen- sowie im Auffangbehälter und auch den Verschmutzungsgrad und die Verkalkung innerhalb des Geräts automatisch zu überprüfen. Dem Benutzer wird dann über ein bestimmtes Symbol angezeigt, ob beispielsweise Bohnen nachgefüllt werden müssen oder eine Entkalkung fällig ist. Damit der Kaffee aus dem Vollautomaten besonders gut schmeckt, sollte die Maschine regelmäßig entkalkt und gereinigt werden. Außerdem lohnt es sich, mit der Einstellung des Mahlgrads und der Wassermenge (meist als Portionsgröße gekennzeichnet) zu experimentieren.

Der soeben angesprochene Druck von 7,5 bis 9 bar ist für alle automatischen Kaffeemaschinen und der Druck ab 9 bar übrigens besonders für die Espressomaschinen relevant. Über den richtigen Brühdruck ist es möglich, viele Inhaltsstoffe und Aromen aus dem Kaffee zu extrahieren, ohne dass der Geschmack darunter leidet. Durch den Brühdruck wird das Wasser durch eine bestimmte Menge an Kaffee in einer bestimmten Zeit gepresst. Bei höherem Druck fließt entsprechend mehr Wasser, bei niedrigerem Druck weniger. Die Wassermenge einer bestimmten Zeit bezeichnet man als Flussrate. Die Flussrate wird durch den Mahlgrad, den Druck, die Temperatur und die Menge beeinflusst. Je größer die Menge Kaffee, je höher die Temperatur und je feiner der Mahlgrad, umso niedriger ist die Flussrate. Je höher der Druck, umso höher ist die Flussrate. Letztendlich ist die Kontaktzeit zwischen Wasser und Kaffeepulver ausschlaggebend dafür, wie viele der Stoffe extrahiert werden. Am besten hat sich bisher der Brühdruck ab 7 bis 9 bar bewährt, weswegen vollautomatische Kaffeemaschinen diesen auch alle erreichen.

Auch die Padmaschine bereitet ein oder zwei Tassen vollautomatisch zu. Allerdings benötigt sie keine Kaffeemühle, denn anstatt aus Bohnen wird der Kaffee aus fertigen Portionen in sog. Pads extrahiert. Während der Brühvorgangs wird das erhitzte Wasser mit Druck durch das Pad gepumpt. Ähnlich funktioniert die Kapselmaschine. Die vakuumverpackten Kaffeekapseln aus Aluminium oder Plastik werden auf eine pyramidenförmige Platte gedrückt und aufgestochen. Anschließend wird das heiße Wasser durch die Kapsel gepresst. Pad- und Kapselmaschinen sind sehr einfach in ihrer Handhabung und verursachen kaum Reinigungsaufwand. Allerdings lässt sich der Kaffee bei dieser Zubereitungsart kaum beeinflussen. Um beispielsweise die Intensität zu bestimmen, muss man sich beim Kauf bereits auf spezielle Kapseln oder Pads festlegen. Lediglich die Wassermenge lässt sich, wenn auch begrenzt, festlegen.

Die ersten Versuche einer Espressomaschine lassen sich bereits auf das 19. Jahrhundert zurückführen. Im Laufe der Zeit wurden die Espressomaschine und ihr Brühverfahren immer weiter entwickelt. Das erste Patent für eine Espressomaschine wurde von dem italienischen Erfinder Angelo Moriondo im Jahr 1884 angemeldet. Der Mechaniker Luigi Bezzera verbesserte dessen Konzept und meldet sein eigenes Patent 1901 an. Beide gelten heute als Erfinder der Espressomaschine. Bezzera erreichte mit seiner Maschine bereits kommerziellen Erfolg. Die erste automatische Espressomaschine konstruierte 1935 der Unternehmer Francesco Illy. Durch dessen Erzeugung von Druck durch Druckluft anstatt Wasserdampf, wurde das Problem der gemeinsamen Quelle von Wärme und Druck gelöst, welches häufig zu verbranntem Kaffeemehl geführt hat. Schließlich meldete Giovanni Achille Gaggia 1938 ein Patent auf das sog. Lampo-Verfahren an, das er gemeinsam mit dem Ingenieur Antonio Cremonese entwickelt hatte. Bei diesem Verfahren wurde der Druck erstmalig mithilfe von heißem Wasser anstatt von Dampf erzeugt. Eine Feder wurde dazu von einem Hebel heruntergedrückt, die wiederum einen Kolben anschob, der das Wasser komprimierte. Das Lampo-Verfahren ermöglichte die Espressoextraktion mit samt der natürlichen Crema, wie man sie heute kennt. Das Wort Crema soll auf den Namen des Ingenieurs Cremonese zurückgehen. 1961 wurde die erste zweikreisige Espressomaschine mit Drehschieberpumpe von der Firma FAEMA auf den Markt gebracht, die Ernesto Valente entwickelt hatte.

An der Entwicklung der Espressomaschine waren also rückblickend viele Personen beteiligt. Die Espressomaschine, wie man sie heute häufig in der Gastronomie vorfindet, funktioniert halbautomatisch. Das Kaffeemehl wird in einen Siebträger gefüllt und mit einem Tamper (=Stampfer) verdichtet, also fest gedrückt. Innerhalb der Maschine wird Wasser auf 90 °C erhitzt und bei einem Druck von 9 bar durch den Siebträger gepresst. Alternativ zu den Siebträgermaschinen gibt es Zentrifugenmaschinen, Vollautomaten, Kapsel- und Padmaschinen. Die Crema gehört zu den unverkennbaren Merkmalen eines Espressos. Sie entsteht dadurch, dass das Wasser unter dem hohen Druck Kohlendioxid in den Bohnen löst. Die ideale Crema ist feinporig und goldbraun, stabil und zwischen zwei und vier mm dick. Würde man einen Löffel Zucker auf den Espresso streuen, würde der Zucker für kurze Zeit auf der Crema verweilen, ehe er absinkt. Die Crema gibt außerdem Aufschluss darüber, wie der Espresso schmeckt. Bei einer Unterextraktion ist die Crema hell, dünn oder weist große Blasen auf. Ein solcher Espresso hat einen faden Geschmack. Bei der Überextraktion ist die Crema rötlich oder dunkel und ungleichmäßig. Der Espresso schmeckt in diesem Fall bitter oder verbrannt.

Für einen idealen Espresso sollte man die Tassen vorwärmen, Wasser mit möglichst wenig Kalkgehalt und frisch gemahlene, qualitativ hochwertige Espressobohnen verwenden.

Die automatische Kaffeemaschine, insbesondere die Filtermaschine, ist nach wie vor ein beliebter Klassiker in vielen Haushalten. Während der erste Kaffeefilter auf die Hausfrau Melitta Bentz im Jahr 1908 zurückgeht, hat der Erfinder Gottlob Widmann aus Schwenningen den Wigomaten im Jahre 1954 entwickelt. Der Wigomat kann eventuell als Weiterentwicklung des Perkolators bezeichnet werden, welcher zwischen 1810 und 1814 von Sir Benjamin Thompson, Graf von Rumford entwickelt und vom französischen Blechschmied Joseph-Henry-Marie Laurens gebaut wurde. Obwohl der Perkolator es in Deutschland zu keiner großen Berühmtheit brachte, wurde in den USA und Großbritannien umso mehr geschätzt. Auch heute ist der Perkolator in manchen Haushalten noch im Einsatz. Um 1830 wurde schließlich der Vakuumbereiter von der Berliner Firma Loeff erfunden, der auch als Vac Pot oder Syphon bekannt ist. Derartige Kaffeemaschinen tauchen immer mal wieder in Cafés mit Vintage-Charme auf. Vom Zubereitungsprozess geht insbesondere bei Maschinen mit gläsernen Kammern eine gewisse Faszination aus. Für den alltäglichen Gebrauch ist die komplizierte Zubereitung eines Vakuumbereiters jedoch eher ungeeignet. Der Wigomat, dessen Name auf seinen Erfinder zurückgeht, war schließlich die erste moderne Filtermaschine für den Massenmarkt. Er verdrängte in vielen verschiedenen Ländern sowohl den Perkolator als auch den Vakuumbereiter. Mit der Zeit wurde der Markt immer mehr mit günstigen Maschinen überschwemmt, die den als sehr langlebig bekannten Wigomaten schließlich selbst verdrängten. Filterkaffeemaschinen sind günstig in der Anschaffung und funktionieren nach einem einfachen Prinzip. Das im Wasserbehälter gesammelte kalte Wasser läuft zunächst in ein Rohr, in dem es erhitzt wird. Dabei bilden sich Dampfblasen. Durch den ansteigenden Druck verschließt sich ein Rückschlagventil, wodurch das Wasser im Rohr weiter nach oben und schließlich zum Kaffeefilter gelangt, in welchem sich gemahlener Kaffee befindet. Neben der automatischen Filtermaschine gibt es eine große Anzahl an sog. Kaffeebereitern.

Die Espressokanne bzw. Caffettiera oder Moka ist trotz ihres Namens ebenfalls genau genommen eine Kaffeemaschine. Sie gilt als Weiterentwicklung der Maccinetta Napoletana, die 1819 von einem französischen Zinnschmied namens Morize gefertigt worden sein soll. Erfunden wurde die achteckige Kanne als Moka Express vom italienischen Erfinder Alfonso Bialetti im Jahr 1933. Erst im Jahr 1945 kam sie auf den Markt und erfreute sich schnell an Beliebtheit in den italienischen Haushalten. Allerdings wird mit dieser Kanne, anders als es der Name vermuten lässt, kein Espresso zubereitet. Während ein Espresso bei einem Druck von 9,0 bar gebrüht wird, schafft die Espressokanne lediglich 1,5 bar. Die Kanne wird auf dem Herd erhitzt, sodass Wasser aus dem unteren Bereich nach oben steigt und ein darüber befindliches Kaffeesieb mit Kaffeemehl passiert. Der fertige Kaffee sammelt sich im oberen Behältnis. Das beste Ergebnis erhält man, wenn man das Wasser auf mittlerer Hitze kocht und den Extraktionsprozess unterbricht, sobald der Kaffee eine Honigfarbe annimmt. Dazu nimmt man den Kocher vom Herd und kühlt den unteren Teil in kaltem Wasser ab.

Kaffeebereiter funktionieren nach einer der Methoden von Pour-Over (=Übergießen) oder Full Immersion (=vollständiges Eintauchen). Während bei der Pour-over-Methode das Wasser auf das Kaffeepulver tropft, den Kaffee extrahiert und der Filter enthaltene Fette und den Kaffeesatz zurückhält, wird das Kaffeepulver bei der Full Immersion-Methode vollständig mit Wasser bedeckt. Erst nach vollendeter Extraktion beginnt der Prozess des Filterns. Während sich bei der Pour-over-Methode die Aromen durch das langsame Extrahieren fein und vielfältig entfalten, sorgt die Full Immersion-Methode für einen besonders kräftigen Geschmack. An dieser Stelle darf die Blooming-Methode nicht unerwähnt bleiben. Blooming (englisch für Aufblühen) meint die Blasenbildung, die durch eine spezielle Aufgussvariante beim Kontakt zwischen Wasser und Kaffeepulver entsteht. Das Wasser wird in einer Art Spirale auf dem Filter mit dem gemahlenen Kaffee geträufelt, sodass alles gleichmäßig benetzt und angefeuchtet wird. Dabei wird Kohlenstoffdioxid abgegeben. Blooming dient dazu, dass sich die einzelnen Aromen besser entfalten können und der durch das Kohlenstoffdioxid verursachte säuerliche Geschmack verhindert wird.

Angeblich wurde die French Press-Kaffeemaschine erfunden, als ein Franzose versehentlich Kaffee ohne Wasser kochte und deswegen das Wasser schnell noch im Nachhinein dazu gab. Die French Press funktioniert nach der Full Immersion-Methode. Sie wurde in Frankreich erfunden und dort von Henri-Otto Mayer und Jacques-Victor Delforge im Jahr 1852 patentiert.

Der damalige Entwurf wies jedoch noch einige Mängel auf. Sie enthielt zum Beispiel keine Dichtung. Ein Patent auf eine verbesserte Kanne meldeten die Italiener Attilio Calimano und Giulio Moneta im Jahr 1929 an. Das Patent für ein weiteres Modell der French Press kam außerdem vom Schweizer Faliero Bondanini im Jahr 1958 hinzu. Diese Kanne wurde schließlich als Chambord-Kaffeemaschine in Frankreich produziert. In anderen Ländern erhielt die French Press wiederum andere Namen. Als Konkurrentin kam außerdem die French Press-Maschine La Cafetiere der britischen Firma Household Articles Ltd. auf den Markt. Der dänische Vertriebspartner, die Bodum Holding erwarb 1991 die Rechte am Namen der Chambord und übernahm ebenfalls die Patente und die Kontrolle über den Vertrieb der La Cafetiere. Bei der French Press entscheidet man sich am besten für eine mittlere, gröbere Mahlung. Vor der Kaffeezubereitung lohnt es sich, die French Press mit heißem Wasser auszuspülen und vorzuwärmen. Das Kaffeepulver wird in die Kanne gegeben und die doppelte Menge an Wasser mit einer Temperatur von idealerweise 96 °C hinzugefügt. Anschließend wird das Gemisch aus Wasser und Kaffee umgerührt. Nach vier bis fünf Minuten kann man die Schicht an der Oberfläche abschöpfen. Danach wird der Siebträger langsam nach unten gedrückt.

Die AeroPress wurde im Jahr 2005 vom US-amerikanischen Erfinder und Dozent für Maschinenbau der Stanford University Alan Adler entwickelt und kombiniert die Methoden von French Press und Filterkaffee. Sie besteht aus Brühzylinder, Presskolben und Siebträger, in den ein Mikrofilter-Papier gelegt wird. Innerhalb des Brühzylinders werden Kaffee und Wasser vermischt und mithilfe des Presskolbens durch den Filter gepresst. Anders als bei der French Press gelangt so kein Kaffeesatz in den Kaffeebecher. Die AeroPress ist handlich und lässt sich leicht zusammenbauen. Somit eignet sie sich wie die French Press gut für Reisen oder Ausflüge. Kaffee lässt sich sowohl mit heißem als auch mit kaltem Wasser zubereiten. Eine mittlere Mahlung ist beim Kaffee zu bevorzugen. Es gibt trotz der simplen Zubereitungsart zahlreiche AeroPress-Rezepte. Das Ergebnis variiert dabei je nach Wassermenge, Wasserhärte,

Mahlgrad, Brühzeit und anderen Faktoren. Bei der World AeroPress Championship wird jedes Jahr die beste Zubereitung prämiert. Die Wettbewerbe werden dabei in über 60 Ländern ausgerichtet.

Auch die American Press gehört zur Familie der Pressstempelkannen, ist aber im Gegensatz zur French Press weit weniger bekannt. Beide funktionieren nach demselben Prinzip, die American Press hat jedoch einige Vorteile. Erfunden wurde sie von Alex Albanese, nach eigenen Angaben ein Absolvent eines Design-Studiums mit Kenntnissen in Physik und einer Leidenschaft für Kaffee. Auf die Idee der American Press kam er, als ihm auffiel, dass die Kollegen, die ihre French Press mit ins Büro brachten, sich schwer mit deren Säuberung taten. Er wollte eine Pressstempelkanne entwickeln, in welcher der Kaffeesatz in einer eigenen Kammer komprimiert und somit leichter zu entfernen sein sollte. Kurzum: Eine praktischere Variante der French Press. Die American Press wurde erstmalig im Jahr 2016 ausgeliefert und ist damit bisher die jüngste Erfindung. Wie auch bei der French Press sollten die Kaffeebohnen auf mittlerer Stufe gemahlen werden.

Die Chemex geht auf den deutschen Chemiker und Erfinder Dr. Peter Schlumbohn zurück. Der bekannte US-amerikanische Designberater und Autor Ralph Caplan sollte dessen Erfindung später in einer Laudatio auf Schlumbohn nach dessen Tod als eine Synthese aus Logik und Wahnsinn beschreiben. Das Patent für die Chemex meldete Schlumbohn 1939 in den USA an. Bereits im Jahre 1944 wurde die Kaffeemaschine im Museum of Modern Art als eines der am besten designte Produkte vorgestellt. Die Chemex sieht auf den ersten Blick aus wie eine Sanduhr. Sie besteht aus einem großen Glasbecher mit einer Holzummantelung in der Mitte. Drum herum befindet sich eine Lederkordel mit Holzperle. In die Chemex wird ein spezieller runder oder quadratischer Chemex-Filter eingesetzt. Dieser ist fester und feinporiger als herkömmliche Filter. Hat man diesen eingesetzt, werden Filter und Becher zunächst mit warmen Wasser ausgespült. Anschließend wird die gewünschte Menge Kaffee eingefüllt. Es empfiehlt sich bei der Chemex ein mittlerer Mahlgrad wie bei der French Press und der American Press. Das Wasser wird mithilfe der Blooming-Methode aufgegossen. In einem nächsten Schritt wird das Wasser wieder in dieser Form aufgegossen. Der Vorgang wird in Abständen von ca. 45 Sekunden so lange wiederholt, bis der Kaffee fertig ist.

ist nach der tschechischen Stadt Karlsbad benannt. In den USA ist sie als böhmische Kanne bekannt. Auch Bayreuther Kanne soll ein gebräuchlicher Name gewesen sein, der auf die Produktionsstätte zurückzuführen ist. Hergestellt wird die Karlsbader Kanne nämlich seit über 100 Jahren in der Walküre Porzellanfabrik in Bayreuth. Die Walküre Porzellanfabrik hat im Jahr 2007 auch eine eigene, eher minimalistische und geradlinige Karlsbader Kanne kreiert, die dort unter dem Namen

Bayreuther Kaffeemaschine vertrieben wird. Die klassische bauchige Karlsbader Kanne besteht aus vier Teilen: der Kanne selbst, ihrem Deckel, einem Porzellangitterfilter und einem Wasserverteiler. In der Karlsbader Kanne wurde der Kaffee sowohl gekocht als auch serviert. Sie kam auch in den Wiener Kaffeehäusern zum Einsatz. Das Material sorgt für Geschmacksneutralität und kann die Temperatur gut halten. Die Kaffeemahlung muss für die Karlsbader Kanne besonders grob und gleichmäßig sein, damit nichts durch das Sieb gelangt. Zur Zubereitung wird der grob gemahlene Kaffee auf das Sieb gehäuft und der Aufsatz aufgesetzt. Für eine Karlsbader Kanne in Originalgröße werden etwa 53 g Kaffeepulver benötigt. Man hat nun die Wahl, entweder den Wasserverteiler aufzusetzen oder den Kaffee wieder mit der Blooming-Methode zuzubereiten, wie es auch bei der Chemex gemacht wird. Die Karlsbader Kanne wurde inzwischen durch die Third-Wave-Bewegung wieder entdeckt.

Auch der einfache Handfilter erlebt insbesondere durch die Third-Wave-Bewegung mittlerweile sein großes Comeback. Schon die Franzosen sollen im Jahr 1795 eine Seihkanne mit integriertem Filtersieb benutzt haben. Ebenfalls wurde in den USA eine spezielle Filterkanne entwickelt. Ein entsprechendes Patent geht auf das Jahr 1783 zurück. Der Filterkaffee mit Papierfilter wurde jedoch erst mithilfe des von Melitta Bentz erfundenen Filters zubereitet. Damit der Filter beim Aufguss nicht reißt, empfiehlt sich ein Filterhalter. Auch bei der Zubereitung mithilfe eines Handfilters ist der Mahlgrad des Kaffees entscheidend, denn dadurch wird die Durchflussgeschwindigkeit und damit die Extraktion und das Aroma des fertigen Kaffees beeinflusst. Sehr fein gemahlene Bohnen werden entsprechend langsamer extrahiert und sind kräftiger oder eben bitterer im Geschmack. Ehe das Kaffeepulver in den Filter gegeben wird, sollte einmal nur heißes Wasser hineingeträufelt werden. Dadurch sollen sich die Poren öffnen und ggf. vorhandene Rückstände ausgeschwemmt werden. Danach erst kommt das Kaffeemehl hinein. Es sollte möglichst gleichmäßig gehäuft werden. Mulden sind beim Anhäufen zu vermeiden. Beim Aufguss ist wieder die Blooming-Methode zu empfehlen wie bei der Chemex und der Karlsbader Kanne. Die ideale Wassertemperatur liegt bei 94 bis 96 °C. Die Handfilter-Zubereitung gewährleistet eine optimale Präzision hinsichtlich des gewünschten Aromas. Besonders helle Röstungen sind hier sehr beliebt. Im Gegensatz zur Karlsbader Kanne und der Chemex eignet sich der Handfilter nur für die Zubereitung einzelner Tassen.

Die traditionellste Art der Kaffeezubereitung wird als Mokka, Orient-Kaffee, Griechischer Kaffee oder Türkischer Kaffee bezeichnet. Der geläufigste Name Mokka geht (wie bereits erwähnt) zurück auf die Hafenstadt in Jemen. Mokka benötigt eine besonders feine, geradezu pudrige Mahlung, die man mithilfe einer Messingmühle erreicht, sowie eine spezielle Kanne, die je nach Region Ibrik (Türkei, abgeleitet aus dem Arabischen: Kanne mit langem Auslauf), Cezce (Türkei, abgeleitet aus dem Arabischen: Kohle oder brennendes Holz), Briki (Griechenland), Kanaka, Finjaan oder Rakwa genannt wird. Gerne werden dafür Arabica-Bohnen aus Äthiopien oder Jemen verwendet. Die Kanne hat Innenwände aus verzinntem Kupfer oder Messing und einen langen Holzgriff. Traditionell erhitzt man die Kanne auf einem Sandbett in einer Pfanne über der Glut einer Feuerstelle. Eine heiße Herdplatte funktioniert allerdings ebenfalls. Für die Zubereitung wird das staubfeine Arabica-Pulver meistens zusammen mit Zucker in das heiße, nicht mehr kochende Wasser in der Kanne gegeben und umgerührt. Dann lässt man das Wasser erneut langsam aufkochen bis sich Schaum bildet. Sobald dies geschehen ist, wird die Kanne direkt vom Herd genommen und ein Löffel des Schaums an der Oberfläche abgeschöpft und in die Tasse gegeben. Anschließend kocht man den Kaffee erneut langsam auf bis er die gewünschte typisch dickflüssige Mokka-Konsistenz erreicht. Getrunken wird der Mokka aus speziellen Mokkatassen, die den Espressotassen ähneln. Außerdem serviert man traditionell ein Glas Wasser dazu.

PROBIEREN GEHT ÜBER STUDIEREN

Die eine perfekte Kaffeezubereitungsmethode gibt es nicht. Es haben sich viele unterschiedliche Herangehensweisen zum Teil über lange Zeit bewährt. Letztendlich kommt es aber auf den individuellen Geschmack an. Welche Methode die Richtige ist, lässt sich nur durch Ausprobieren herausfinden. Wer besonders gerne kräftigen und vollmundigen Kaffee mag, wird vermutlich eine Zubereitungsart nach Full Immersion bevorzugen. Feinschmecker, die großen Wert auf komplexe und vielfältige Aromen legen, erzielen die besten Ergebnisse mit Pour-Over-Methode, bei welcher der Kaffee besonders fein gefiltert wird. Die empfohlene Wassertemperatur für den Brühvorgang liegt bei ungefähr 90 °C. Optimal ist sie je nach Geschmack zwischen 86 °C und 96 °C. Wer milderen Kaffee bevorzugt, sollte eher unter 90 °C bleiben, wer hingegen den bitteren Geschmack bevorzugt, kann auch ein paar Grad höher gehen. Allerdings kann ein Kaffee schnell zu bitter oder zu sauer werden. Auch die Mahlung übt hier einen großen Einfluss aus. Viel und fein gemahlenes Kaffeepulver macht einen kräftigeren und bitteren Kaffee, wenig und gröber gemahlenes sorgt für milderen Kaffee mit Säurenoten. Beim Espresso sollte der Mahlgrad aber grundsätzlich feiner sein als beim Filterkaffee, da die Kontaktzeit mit dem Wasser kürzer ist. Schließlich ist auch der Kalkgehalt des Wassers relevant für den Geschmack. Grundsätzlich dienen Kalk und andere Mineralien nämlich als Geschmacksträger. Ein Kalkgehalt unter 4° dH sorgt für Kaffee mit wenig Geschmack. Dennoch sollte der Kalkgehalt nicht über 20° dH steigen, da ein zu hoher Kalkgehalt schlecht für die Kaffeemaschine ist.

Einer der wichtigsten Tipps für die Kaffeezubereitung: Man sollte sich für jeden Schritt Zeit nehmen. Das gilt besonders für den Aufguss. Deswegen sei für Freunde der Pour-Over-Methode noch einmal explizit das Blooming erwähnt. Man spricht auch von Coffee Bloom, also der Kaffeeblüte. Beim Blooming wird immer nur eine kleine Menge Wasser auf das Kaffeemehl gegeben, um es zu befeuchten. Das Gemisch muss anschließend etwa 30 Sekunden ziehen, ehe erneut Wasser zugegeben wird. Während dieses Prozesses lassen sich Kohlendioxid-Blasen beobachten, die an die Oberfläche steigen. Das Lösen von CO2 ist besonders wichtig, damit Wasser und Kaffee richtig miteinander in Berührung kommen und die Inhaltsstoffe während des Brühvorgangs extrahiert werden können. Deswegen sorgt das Blooming für ein komplexeres Geschmacksprofil im Kaffee.

Es kommt beim Geschmack nicht nur darauf an, wie man den Kaffee zubereitet, sondern auch, welche Bohnen man verarbeitet. Für qualitativ hochwertige Bohnen ist nicht nur der Preis ein Indikator. Natürlich ist der billigste Kaffee aus dem

Supermarkt bestimmt nicht der beste. Das wurde bereits unter den verschiedenen Themen erörtert. Allerdings muss teurer Kaffee nicht zwangsläufig gut sein. Einen Hinweis auf gute Qualität gibt die Angabe „Trommelröstung" oder „Langzeitröstung". Wer Wert auf gute Arabica-Bohnen legt, sollte auf die Angabe „Hochlandkaffee" achten. Diese Kaffeebohnen reifen länger und entfalten im Endprodukt komplexere Aromen. Bohnen sollten außerdem nicht zu alt sein. Zwei bis drei Wochen nach dem Rösten sind sie am besten zu genießen, weshalb sich ein Blick auf das Röstdatum lohnt. Befindet sich auf der Verpackung kein Röstdatum, kann das Mindesthaltbarkeitsdatum Aufschluss darüber ergeben, wie lange der Kaffee alt ist. Die Haltbarkeit liegt in der Regel zwischen 12 und 24 Monaten. Eine gute Verpackung verfügt über ein Aroma-Ventil, damit CO2 entweichen kann. Zuletzt gilt es, die Bohnen genau zu betrachten. Eine Vielzahl an Bruchbohnen oder Bohnen mit Bisslöchern oder dunklen Flecken weisen auf eine minderwertige Qualität hin. Auch die besten Bohnen müssen natürlich richtig gelagert werden, damit sie nicht an Geschmack verlieren. Dazu eignet sich eine luftdichte Kaffeedose, die im Schrank oder in der Speisekammer verstaut werden kann, sodass weder Licht noch Sauerstoff, Feuchtigkeit oder Wärme den Bohnen zu Leibe rücken können. Die Kaffeebohnen sollten immer frisch gemahlen werden, d. h. unmittelbar vor dem Brühen. Achtet man auf diese Faktoren, kann man sich an allen möglichen Bohnen und Blends ausprobieren, ganz gleich, ob man es eher fruchtig, nussig, schokoladig, süß, blumig oder sauer mag.

Es mag einige Zeit dauern, bis man seine Lieblingssorte und die perfekte Zubereitungsmethode gefunden hat. Aber man kann dabei eine Menge lernen und ausprobieren. Im Kaffee steckt viel mehr als nur ein Wachmacher mit mehr oder weniger sauren und bitteren Noten. Schon die Variation der Geschwindigkeit beim Aufgießen oder der kleinste Unterschied bei der Mahlung kann sich im Geschmack niederschlagen.

Neben dem klassischen Kaffeegetränk mit all seinen Zubereitungsmöglichkeiten gibt es natürlich auch eine Vielzahl an Kaffeespezialitäten. Darunter neben den allseits bekannten Klassikern und Espresso-Varianten auch alkoholische Getränke und kalte Spezialitäten für heiße Tage. Der Milchschaum spielt bei vielen dieser Kaffee-Spezialitäten eine wichtige Rolle. Er sollte cremig und stabil, aber nicht zu fest sein. Für einen guten Schaum braucht es nicht zwingend Kuhmilch (mit oder ohne Laktose). Auch Nussmilch, Sojamilch und Getreidemilch eignen sich gut für eine dicke, schaumige Krone. Relevant ist der Proteingehalt von mindestens 3,3 %. Allerdings wirken sich die Milchsorten ebenfalls wieder auf den Geschmack aus.

Der Fettgehalt spielt für die Festigkeit des Schaums übrigens keine Rolle, jedoch im Hinblick auf den Geschmack. Die ideale Temperatur zum Milchaufschäumen liegt zwischen 65 °C und 69 °C, allerdings sind auch Ergebnisse ab 50 °C gut. Ab 70 °C zerfällt der Milchschaum wieder. Bei alternativen Milchprodukten sind Abweichungen hinsichtlich der Temperaturen möglich. Sojamilch sollte beispielsweise auf maximal 45 °C erhitzt werden. Milchschaum lässt sich mit einem Schnee- oder Spiralbesen, einem Stabmixer oder einem speziellen Milchschäumer erzeugen. Bis der perfekte Milchschaum gelingt, braucht es ein bisschen Übung.

REZEPTE

KLASSIKER UND ESPRESSOVARIANTEN

DER KLASSISCHE ESPRESSO

Der klassische Espresso bildet die Grundlage für die meisten Kaffeespezialitäten.

ZUTATEN:
25 bis 30 ml Wasser, 7 g Kaffeemehl

ZUBEREITUNG:
Das Wasser wird in einer Espressomaschine bei ca. 90 °C bei einem Druck von 9 Bar für 25 Sekunden durch das Kaffeemehl gepresst.

TIPP: Für einen Espresso wird traditionell eine Bohnenmischung aus Arabica und Robusta in einem Verhältnis von etwa 60/40 oder 70/30 verwendet.

Setzt man dem Espresso eine Krone aus Milchschaum auf, hat man übrigens einen Espresso macchiato.

SCHON GEWUSST: IN ÖSTERREICH WIRD EIN ESPRESSO AUCH ALS MOKKA ODER KLEINER SCHWARZER BEZEICHNET.

CAFFÈ AMERICANO

Ein Caffè Americano ist ein Espresso, der mit Wasser aufgefüllt wird. Der kräftige Geschmack des Espressos soll dadurch etwas abgemildert werden.

ZUTATEN:
1 Espresso, 90 ml heißes Wasser

ZUBEREITUNG:
1. Tasse vorwärmen.
2. Wasser auf eine Temperatur von ca. 90 °C erhitzen und in die Tasse füllen.
3. Möglichst parallel oder zeitnah Espresso zubereiten.
4. Den Espresso behutsam auf das Wasser gießen.

TIPP: Man findet häufig Zubereitungsarten, bei denen das Wasser erst nach dem Espresso in die Tasse gegossen wird. Dadurch wird jedoch die Crema zerstört, was den Espresso durch die Vermischung mit dem in der Crema enthaltenen Kaffeemehlpartikeln etwas bitterer macht.

SCHON GEWUSST: DIE ÖSTERREICHISCHE VARIANTE WIRD „VERLÄNGERTER" GENANNT. DABEI WIRD DIESELBE MENGE WASSER NACH DER ESPRESSOZUBEREITUNG NOCH EINMAL ZUM AUFFÜLLEN GENOMMEN.

CAFÉ AU LAIT

Café au Lait ist ein französischer Milchkaffee, der aus gleichen Teilen warmer Milch und Kaffee zubereitet wird. Er wird traditionell zum Frühstück aus einer Schale, einer Bol getrunken.

ZUTATEN:
180 ml Filterkaffee, 180 ml Vollmilch

ZUBEREITUNG:
1. Schale vorwärmen
2. Kaffee zubereiten.
3. Milch in einem Topf auf mittlerer Hitze erwärmen, bis sie eine Temperatur von 60 °C bis 65 °C erreicht hat.

4. Kaffee und Milch zu gleichen Teilen in der Schale servieren.

TIPP: Für einen Café au Lait eignet sich am besten eine dunkle Röstung.

SCHON GEWUSST: DIE NIEDERLÄNDISCHE VARIANTE „KOFFIE VERKEERD" (ÜBERSETZT: KAFFEE VERKEHRT) HAT EINEN MILCHANTEIL VON 2/3 ZU EINEM KAFFEEANTEIL VON 1/3. DIE SPANISCHE VARIANTE „CAFÉ CON LECHE" (KAFFEE MIT MILCH) BESTEHT GLEICHEN TEILEN VON ESPRESSO UND MILCH, WOBEI DIE AUFGESCHÄUMTE MILCH HÄUFIG SEPARAT SERVIERT WIRD.

CAFÉ BOMBÓN

Café Bombon ist eine beliebte spanische Kaffeespezialität.

ZUTATEN:
1 Espresso, gesüßte Kondensmilch

ZUBEREITUNG:
1. Gesüßte Kondensmilch in eine Espressotasse füllen.
2. Espresso zubereiten und vorsichtig auf die Kondensmilch geben

TIPP: Am besten sollte man das Getränk in einer gläsernen Tasse servieren. Die unterschiedlichen Schichten aus der weißen Kondensmilch am Boden, dem dunklen Espresso und der goldenen Crema sind ein wahrer Hingucker.

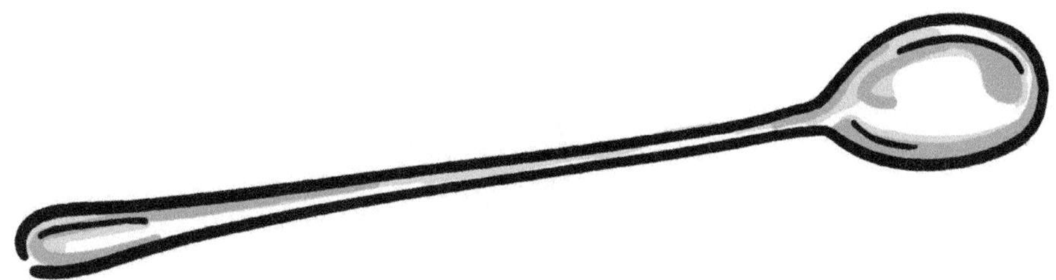

CAFÉ CORTADO

Café Cortado (geschnittener Kaffee) ist ein Verschnitt aus Espresso und Milchschaum.

ZUTATEN:
1 Espresso, 30 ml aufgeschäumte Milch

ZUBEREITUNG:
1. Glas vorwärmen.
2. Espresso zubereiten.
3. Die Milch vorsichtig in das Espressoglas gießen.

CAFÉ CRÈME

Café crème oder Café crèma ist in Süddeutschland unter der Bezeichnung Schümli (Verniedlichung von Schaum) zu finden. Der Café Crème gilt als schweizerisches Pendant zum deutschen Filterkaffee, obgleich er in seiner Zubereitungsform einem Espresso ähnelt. Allerdings wird die vierfache Menge an Wasser verwendet. Ein guter Café Crème zeichnet sich durch eine schöne Crema aus.

ZUTATEN:
1 Espresso, ca. 120 bis 130 ml heißes Wasser

ZUBEREITUNG:
Siehe „Der klassische Espresso".

TIPP: Der Mahlgrad sollte gröber sein als für einen Espresso und feiner als für einen Kaffee. Am besten kommen die Aromen des Café Crème bei einer hellen Espressoröstung zur Geltung.

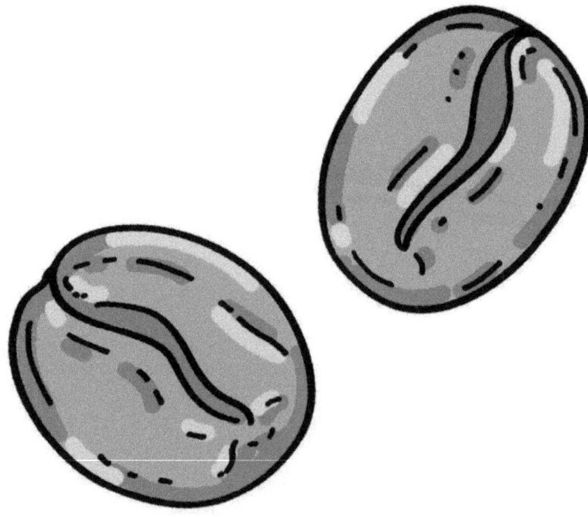

CAFFÉ DOPPIO

Der Caffé Doppio ist in Deutschland bekannt als doppelter Espresso.

ZUTATEN:
50 ml Wasser, 14 mg Kaffeepulver.

ZUBEREITUNG:

1. Große Tasse vorwärmen.

2. Espresso zubereiten und in der Tasse servieren.

SCHON GEWUSST: IN ÖSTERREICH WIRD DER DOPPELTE ESPRESSO ALS GROSSER SCHWARZER BEZEICHNET.

CAPPUCCINO

Auch wenn der Cappuccino auf das österreichische Kaffeegetränk Kapuziner zurückgeht (siehe Rezept unten), gilt er heute als typisch italienische Kaffeespezialität. In Italien wird der Cappuccino fast ausschließlich vor dem Mittagessen und oft zum Frühstück getrunken.

ZUTATEN:
1 Espresso, 130 bis 150 ml Milch

ZUBEREITUNG:

1. Cappuccino-Tasse vorwärmen.

2. Espresso zubereiten und in die Tasse füllen.

3. Halbflüssigen Milchschaum zubereiten und die Tasse damit auffüllen.

TIPP: Das typische Aussehen des Cappuccinos entsteht, weil sich die Crema über den leichten Milchschaum absetzt.

SCHON GEWUSST:
DIE KONSISTENZ DES HALBFLÜSSIGEN MILCHSCHAUMS EIGNET SICH ÜBRIGENS AUCH BESONDERS GUT FÜR DIE LATTE-ART.

EINSPÄNNER

Der Einspänner stammt aus dem Wien des 19. Jahrhunderts und ist nach dem Pferdefuhrwerk benannt, das zu dieser Zeit das Hauptverkehrsmittel in der Stadt darstellte. Der Kutscher hielt den Kaffee in der einen und die Zügel in der anderen Hand.

ZUTATEN:
Doppelter Espresso, 20 g Schlagsahne

ZUBEREITUNG:

1. Henkelglas vorwärmen.
2. Doppelten Espresso zubereiten und in das Henkelglas füllen.
3. Schlagsahne als Haube auf den Espresso setzen.
4. Haube mit Puderzucker bestreuen.

TIPP: Ein Einspänner wird nicht umgerührt, sondern durch die Sahnehaube getrunken.

ESPRESSO LUNGO

Bei der Variante Lungo (= „lang") handelt es sich um einen verlängerten Espresso. Durch die verlängerte Durchlaufzeit werden bei einem Espresso Lungo weitere Aromen extrahiert.

ZUTATEN:
50 bis 60 ml Wasser, 7 g Kaffeemehl

ZUBEREITUNG:
siehe „Der klassische Espresso".

ESPRESSO RISTRETTO

Die Variante Ristretto (="begrenzt") ist das Gegenteil von Lungo. Der Espresso Ristretto ist aufgrund der kurzen Durchlaufzeit besonders stark und kräftig im Geschmack, enthält jedoch wenig Bitterstoffe.

ZUTATEN:
15 bis 20 ml Wasser, 7 g Kaffeemehl

ZUBEREITUNG:
siehe „Der klassische Espresso".

FLAT WHITE

Flat White (="Flacher Weißer") ist ein Kaffeegetränk aus Australien, das angeblich auf italienische und englische Einwanderer zurückgeht. Der Name kam in den 1980er-Jahren in Australien und Neuseeland auf. Von der Zubereitung her erinnert das Getränk stark an einen Cappuccino. Ein großer Unterschied liegt im Milchschaum, der besonders feinporig und fast flüssig ist und am besten mithilfe einer Düse angerichtet wird. Der Milchschaum schließt mit dem Tassenrand ab und wird fast immer durch Latte-Art verschönert.

KAPUZINER

Beim Kapuziner handelt es sich um eine österreichische Kaffeespezialität, auf welcher der Ursprung des Cappuccinos basiert. Der Kapuziner wurde aufgrund seiner Farbe nach den Habiten der Kapuziner benannt.

ZUTATEN:
1 Espresso, Schlagsahne, nach Belieben Kakaopulver

ZUBEREITUNG:

1. Espresso zubereiten.
2. Ein paar Tropfen Schlagsahne hinzugeben.
3. Nach Belieben das fertige Getränk mit einer Schlagsahnehaube und Kakaopulver servieren.

KOPI GU YOU

Kopi Gu You ist eine Kreation aus Singapur. Der starke, gesüßte Kaffee wird mit einer Scheibe Butter angerichtet. Die geschmolzene Butter an der Oberfläche dient äußerst gut als Geschmacksträger.

ZUTATEN:
1 Tasse starken Kaffee, gesüßte Kondensmilch, Butter

ZUBEREITUNG:

1. Starken Kaffee zubereiten.
2. Ein paar Teelöffel gesüßte Kondensmilch in einen Glasbecher geben.
3. Den Kaffee vorsichtig darüber gießen.
4. Eine Scheibe Butter oben auflegen.

LATTE MACCHIATO

Der italienische Latte macchiato bedeutet wörtlich übersetzt „befleckte Milch" und bezeichnet eine der beliebtesten Kaffeegetränke. Der Latte macchiato besteht aus drei Schichten: Milch, Espresso und einer Milchschaumkrone. Auf diesen Farbverlauf geht auch der Name zurück.

ZUTATEN:
1 Espresso, 150 bis 200 ml Milch, nach Belieben Kakaopulver

ZUBEREITUNG:

1. Glas vorwärmen.
2. Milch dünnflüssig aufschäumen und in das Glas füllen.
3. Espresso vorsichtig mittig des Milchschaums gießen.
4. Die Milchschaumhaube auf das Getränk heben.
5. Nach Belieben die Haube mit Kakaopulver bestreuen.

MOKKA

Mokka gilt als die ursprünglichste Art, einen Kaffee zuzubereiten und entfacht bei guter Zubereitung ein orientalisches Flair. Für einen Mokka verwendet man nur Arabica-Bohnen. Die Mahlung muss so fein sein, dass das Pulver so pudrig wie Mehl ist. Ob der Mokka gelungen ist, erkennt man am Ende an seiner Schaumhaube.

ZUTATEN:
2 TL Mokkapulver, 1 bis 1,5 TL Zucker, 50 ml Wasser

ZUBEREITUNG:

1. 50 ml Wasser in eine langstielige Kanne geben.
2. Kaffeepulver und Zucker hinzugeben.
3. Wasser vorsichtig erhitzen und dabei umrühren.
4. Wasser kurz bis zum Siedepunkt erhitzen und von der Herdplatte nehmen.
5. Kurz abkühlen lassen.

6. Schaum mit einem Löffel abschöpfen und in eine Mokkatasse geben.
7. Mokka in eine Mokkatasse gießen und kurz abwarten, bis sich der Kaffeesatz am Boden abgesetzt hat.
8. Mokka in eine Mokkatasse gießen und kurz abwarten, bis sich der Kaffeesatz am Boden abgesetzt hat.

TIPP: Je nach Geschmack kann der Mokka mit Gewürzen wie Zimt, Nelken oder Kardamom verfeinert werden.

SCHON GEWUSST: IN ÖSTERREICH VERSTEHT MAN UNTER EINEM MOKKA AUCH EINEN ESPRESSO.

PUMPKIN SPICE LATTE

Der Pumpkin Spice Latte ist insbesondere in der Herbstzeit eine beliebte Variante des Latte macchiatos, der vor allem durch die Coffeeshop-Kette Starbucks bekannt wurde. Pumpkin Spice ist eine in den USA sehr verbreitete Gewürzmischung für Kürbiskuchen. Sie besteht aus Zimt, Muskatnuss, Gewürznelken, Ingwer und Piment.

ZUTATEN:
1 starker Espresso, 150 bis 200 ml Milch, 1-2 EL Kürbispüree, 4 EL Zimt, 4 TL Muskatpulver, 4 TL Ingwerpulver, 3 TL Nelkenpulver, 1 TL Piment, 2 EL 1 Agavensirup, nach Belieben Schlagsahne und Karamellsirup

ZUBEREITUNG:
1. Kürbispüree in ein Glas füllen.
2. Gewürze miteinander vermischen und gemeinsam mit dem Agavensirup zum Kürbispüree geben.
3. Milch aufschäumen und ebenfalls ins Glas geben.
4. Espresso wird wie beim Latte macchiato mittig von oben in den Milchschaum gegossen.
5. Milchschaumhaube aufsetzen.
6. Nach Belieben Schlagsahne auf das Getränk heben und mit Karamell-Sirup verfeinern.

SCHOKO-ZIMT-KAFFEE

ZUTATEN:
140 ml Milch, 50 g Schokolade, 1 TL Zimt, 125 ml heißer Kaffee, nach Belieben Schlagsahne und Kakaopulver

ZUBEREITUNG:
1. 70 ml Milch in einem Topf erhitzen und zum Kochen bringen.
2. Schokolade und Zimt einrühren.
3. Kaffee kochen.
4. 70 ml Milch aufschäumen.
5. Die aufgeschäumte Milch zur heißen Milch dazu geben und gemeinsam mit dem Kaffee in einer Tasse servieren.
6. Nach Belieben mit Schlagsahne und Kakaopulver anrichten.

VIETNAMESISCHER EIERKAFFEE (CÀ PHÊ TRUNG)

Vietnamesischer Eierkaffee ist besonders in Hanoi sehr beliebt und stellt eine besonders süße Variante des Kaffees dar. Der Geschmack erinnert stark an Tiramisu.

ZUTATEN:
1 Eigelb, 2 bis 3 EL Kondensmilch, 1 TL Zucker, 1 starker Espresso

ZUBEREITUNG:
1. Eigelb, Kondensmilch und Zucker mit einem Handrührgerät schlagen, bis die Konsistenz dick und schaumig wird.
2. Schokolade und Zimt einrühren.
3. Espresso zubereiten.
4. Die fertige Eiercreme auf den Espresso gießen.

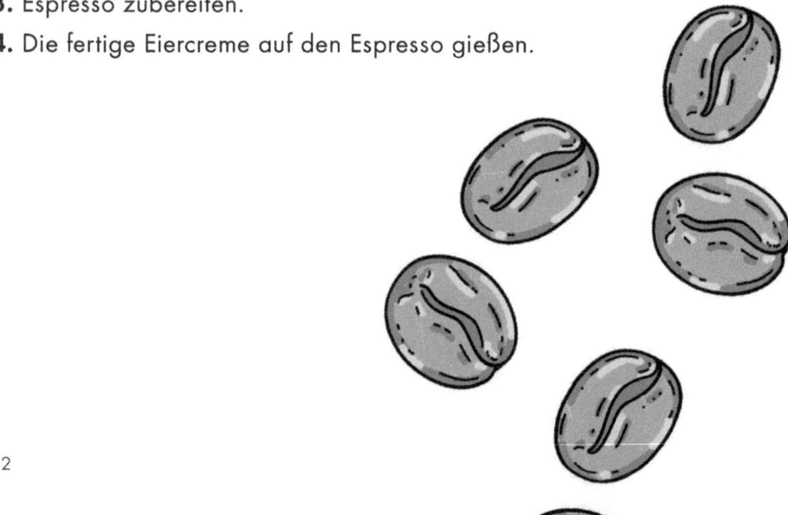

WIENER MELANGE

Die Melange wurde wohl im Jahr 1830 das erste Mal in Wien serviert. Das Wort „melanger" ist Französisch und bedeutet „vermischen".

ZUTATEN:
1 doppelter Espresso, zu gleichen Teilen warme Milch

ZUBEREITUNG:

1. Tasse vorwärmen.
2. Doppelten Espresso zubereiten und in die Tasse füllen.
3. Milchschaum zubereiten und die Tasse damit auffüllen.

TIPP: Im Gegensatz zum Cappuccino hat die Wiener Melange einen deutlich geringeren Anteil an Milchschaum und lediglich eine kleine Schaumhaube.

SCHON GEWUSST: EINE SÜSSE UND GEHALTVOLLERE VARIANTE DER WIENER MELANGE IST DER FRANZISKANER. DIESER VERDANKT SEINEN NAMEN DER FARBE, DIE AN DIE MÖNCHSKUTTE DER FRANZISKANER ERINNERT. DER FRANZISKANER WIRD MIT SCHLAGSAHNE UND NACH BELIEBEN MIT SCHOKOSTREUSELN SERVIERT.

WHITE CHOCOLATE MOCHA

ZUTATEN:
1 Espresso, 150 bis 200 ml Milch, 2 EL weißer Schokoladensirup, nach Belieben Schlagsahne

ZUBEREITUNG:

1. Milch erhitzen.
2. Den weißen Schokoladensirup in ein Glas füllen.
3. Espresso zubereiten und dazu geben.
4. Glas mit heißer Milch auffüllen.
3. Nach Belieben Schlagsahne auf das Getränk geben und mit Karamell-Sirup verfeinern.

BANANARAMA

ZUTATEN:

1 Espresso (Ristretto), 20 ml Bananenlikör, nach Belieben Schlagsahne

ZUBEREITUNG:

1. Espresso zubereiten.
2. Bananenlikör in ein Martiniglas füllen.
3. Den Espresso langsam über den Bananenlikör gießen, sodass ein Farbverlauf entsteht.
4. Nach Belieben mit Schlagsahne verfeinern.

BARRAQUITO

Der Barraquito ist eine Spezialität von den Kanarischen Inseln und stammt ursprünglich aus Teneriffa. Richtig zubereitet, hat er mehrere gut sichtbare Schichten.

ZUTATEN:
1 Espresso, 4 EL süße Kondensmilch, 2 cl Likör 43, Milch

ZUBEREITUNG:

1. Espresso zubereiten.
2. Kondensmilch in ein Glas füllen.
3. Likör 43 sehr langsam darauf gießen.
4. Espresso mithilfe eines Löffels vorsichtig hinzugeben.
5. Das Glas mit aufgeschäumter Milch auffüllen.

BIEDERMEIER

ZUTATEN:
1 Kaffee, Milch, 50 ml Schlagsahne, 1 bis 2 cl Marillenlikör

ZUBEREITUNG:

1. Kaffee zubereiten.
2. Schlagsahne steif schlagen.
3. Kaffee nach Belieben mit Milch auffüllen.
4. Marillenlikör hinzugeben.
5. Schlagsahne als Haube aufsetzen.

BLUE COOL

ZUTATEN:
1 Espresso, 10 ml Curaçao, Zitronenlimonade, Eiswürfel

ZUBEREITUNG:

1. Eiswürfel in ein Longdrinkglas geben.
2. Das Glas zu 2/3 mit Zitronenlimonade auffüllen.
3. 10 ml Curaçao hinzugeben.
4. Espresso langsam über die Eiswürfel gießen,
sodass ein schöner Farbverlauf entsteht.

CAFÉ BRÛLOT

Die französische Spezialität Café brûlot bedeutet wörtlich übersetzt „Glühbranntwein-Kaffee" und wird auch Café royal genannt.

ZUTATEN:
250 ml Kaffee, 1 Stange Zimt, 1 unbehandelte Orange, 1 unbehandelte Zitrone, 20 bis 30 g Zucker, 2 Gewürznelken, 4 cl Cognac, 1 cl Orangenlikör.

ZUBEREITUNG:

1. Kaffee zubereiten und in ein feuerfestes Gefäß füllen.
2. Orangenschale und Zitronenschale in Zesten schneiden.
3. Cognac und Orangenlikör gemeinsam mit den Zesten, Zimt, Zucker und den Gewürznelken in einem Topf erhitzen.
4. Das Gemisch flambieren und ins Gefäß zum Kaffee geben.

CARAJILLO

Das spanische Espressomischgetränk soll angeblich auf die spanische Kolonialgeschichte Kubas zurückgehen. Die Soldaten sollen dem Wachmacher etwas Rum beigemischt haben, um sich Mut zu machen.

ZUTATEN:
1 Espresso, 2 cl Brandy, 1 TL Zucker, 5 Kaffeebohnen, 1 unbehandelte Zitrone

ZUBEREITUNG:

1. Zitronenschale in Zesten schneiden.
2. Alkohol und Bohnen in ein feuerfestes Glas füllen und mit einer Düse erhitzen.
3. Das Alkoholgemisch flambieren.
4. Zucker auf dem Teelöffel über der Flamme karamellisieren lassen und anschließend einrühren.
5. Espresso zubereiten und damit ablöschen.

DOKKUMER KOFJE

Dokkumer Kofje ist die holländische, westfriesische Antwort auf den Irish Coffee.

ZUTATEN:
150 ml starker Kaffee, 2 cl Beerenburg (Kräuter-Spirituose), 50 ml Schlagsahne, 1 EL brauner Rohrzucker

ZUBEREITUNG:

1. Braunen Rohrzucker in ein Glas geben
2. Beerenburg einfüllen.
3. Kaffee kochen und dazu geben
4. Schlagsahne steif schlagen und als Haube oben aufsetzen.

TIPP: Wie der Einspänner wird auch der Dokkumer Kofje nicht umgerührt, sondern durch die Sahnehaube getrunken.

FIAKER

Das Wort Fiaker bezeichnet eine zweispännige Kutsche.

ZUTATEN:
1 Espresso, 2 cl Brandy, 1 TL Zucker, 5 Kaffeebohnen, 1 unbehandelte Zitrone

ZUBEREITUNG:
Siehe „Einspänner". Der Kaffee wird am Ende der Zubereitung mit 2 cl Kirschwasser verfeinert.

ADVOKAT

Die Kaffeespezialität ist auch unter den Namen Fliegender Holländer und Verpoortocino zu finden.

ZUTATEN:
1 doppelter Espresso, 4 cl Eierlikör, 120 ml Milch, Schokoflocken

ZUBEREITUNG:

1. Doppelten Espresso zubereiten.
2. Eierlikör erhitzen (nicht kochen) und in ein Glas füllen.
3. Espresso vorsichtig mittig über den Eierlikör gießen.
4. Milchschaum mit einem Löffel vorsichtig über beiden Schichten verteilen.
5. Die Schaumhaube mit Schokoflocken bestreuen.

IRISH COFFEE

In Irland wird der Irish Coffee auch Caife Gaelach oder Gaelic Coffee genannt. Erfunden wurde das Getränk in den 1940er-Jahren in Westirland und hatte seinen Durchbruch 1952 in San Francisco.

ZUTATEN:
200 ml starken Kaffee, 2 TL Zucker, 3 cl irischer Whiskey, 50 ml Schlagsahne

ZUBEREITUNG:

1. Kaffee kochen.
2. Zucker in einem Topf karamellisieren.
3. Whiskey hinzugeben und ebenfalls erwärmen.
4. Gemeinsam mit dem Kaffee in ein Irish-Coffee-Glas füllen.
5. Sahne halbsteif schlagen und mit einem Löffel auf den Kaffee fließen lassen.

TIPP: Die Sahne soll sich nicht mit dem Kaffee vermischen, sondern oben schwimmen. Der Kaffee wird durch die Sahneschicht getrunken.

KAISERMELANGE

ZUTATEN:
1 Verlängerter Espresso, 1 bis 2 cl Cognac, 1 Eigelb, 1 EL Zucker, 30 ml Sahne, nach Belieben 1 bis 2 TL Honig

ZUBEREITUNG:

1. Verlängerten Espresso zubereiten (Espresso nach dem Brühen mit derselben Menge Wasser auffüllen) und gemeinsam mit dem Cognac in eine Tasse füllen.
2. Eigelb und Zucker miteinander vermengen und schaumig schlagen.
3. Nach Belieben Honig mit einrühren.
4. Sahne schlagen und löffelweise oben aufsetzen.

TIPP: Alternativ kann statt Cognac auch Weinbrand verwendet werden.

MARIA THERESIA

ZUTATEN:
1 doppelter Espresso, 3 cl Orangenlikör, 30 ml Sahne

ZUBEREITUNG:

1. Tasse aufwärmen.
2. Doppelten Espresso zubereiten und in die Tasse füllen.
3. Orangenlikör hinzugeben.
4. Sahne schlagen und als Häubchen auf das Getränk geben.

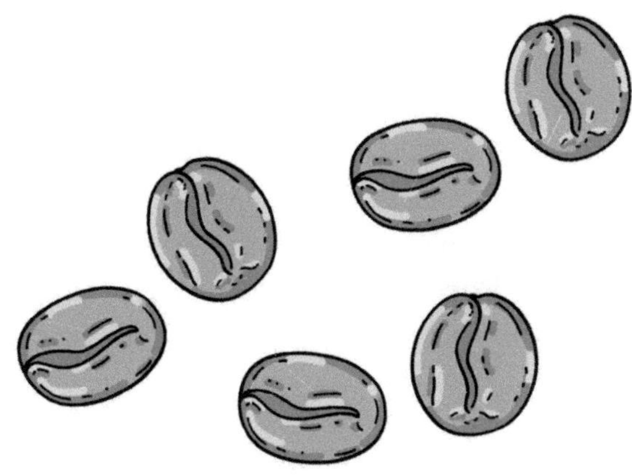

MAZAGRAN

Der vor allem in Österreich beliebte Mazagran hat seinen Ursprung in Algerien. So sollen französische Soldaten ihren Kaffee während der Belagerung von Mazagran 1840 aufgrund der starken Hitze kalt getrunken haben.

ZUTATEN:
1 starker Espresso, 6 Eiswürfel, 2 cl Weinbrand oder Maraschinolikör,
1 Spritzer Orangenlikör, 1 TL Flüssigzucker, 1 Messerspitze Nelkenpulver

ZUBEREITUNG:

1. Eiswürfel in ein hitzefestes Glas geben.
2. Espresso zubereiten und über die Eiswürfel gießen.
3. Weinbrand oder Maraschinolikör, Orangenlikör und Flüssigzucker dazu geben und mit Nelkenpulver bestreuen.

PHARISÄER

Der Pharisäer entstand der Legende nach im 19. Jahrhundert auf der nordfriesischen Insel Nordstrand. In der Öffentlichkeit war der Genuss von alkoholischen Getränken untersagt. Es gelang jedoch den Inselbewohnern während einer Taufe den Pastor zu täuschen, da durch die Sahnehaube der Geruch des Rums nicht nach außen drang.

ZUTATEN:
200 ml starker Kaffee, 4 cl Rum, 1 TL Zucker, 50 ml Schlagsahne,
nach Belieben Schokoflocken oder Kakaopulver

ZUBEREITUNG:

1. Tasse vorwärmen.
2. Kaffee zubereiten.
3. Zucker im Rum lösen und in die Tasse gießen.
4. Kaffee hinzugeben.
5. Sahne schlagen und als Häubchen auf das Getränk setzen.
6. Nach Belieben mit Schokoflocken oder Kakaopulver bestreuen.

TIPP: Der Pharisäer wird durch die Sahne geschlürft. Rührt man ihn um, läuft man in nordfriesischen Bars und Cafés Gefahr, eine Lokalrunde ausgeben zu müssen.

SCHON GEWUSST: EIN ERBOSTER LOKALBESUCHER KONNTE 1981 VOR DEM AMTSGERICHT FLENSBURG IM SOG. PHARISÄER-STREIT SEIN RECHT AUF 4 CL RUM VERTEIDIGEN. WEIL DER WIRT NUR 2 CL RUM IN DEN PHARISÄER MISCHTE, HATTE DER GAST DIE RECHNUNG GEKÜRZT. DIE KLAGE DES WIRTES AUF BEZAHLUNG WURDE ABGEWIESEN. DAS GERICHT WAR DER AUFFASSUNG, DASS EIN PHARISÄER MIT NUR 2 CL RUM „FADE UND AUSDRUCKSLOS" SCHMECKE.

RÜDESHEIMER KAFFEE

ZUTATEN:
200 ml starker Kaffee, 3 Stück Würfelzucker oder 2 TL Zucker, 4 cl Asbach Uralt, 50 ml Sahne, nach Belieben Schokoflocken oder Kakaopulver

ZUBEREITUNG:

1. Zucker in eine Tasse geben und Asbach Uralt dazugeben.
2. Asbach Uralt eine Minute lang flambieren, dabei umrühren, bis sich der Zucker vollständig aufgelöst hat.
3. Kaffee zubereiten und den Asbach damit aufgießen.
4. Sahne schlagen und als Häubchen auf das Getränk setzen.
5. Nach Belieben mit Schokoflocken oder Kakaopulver bestreuen.

KALTE KAFFEESPEZIALITÄTEN

CREMINO AL CAFFÈ

ZUTATEN:
1 Espresso, 1 EL Zucker, 150 ml Schlagsahne

ZUBEREITUNG:
1. Espresso zubereiten, Zucker einrühren und abkühlen lassen.
2. Sahne steif schlagen.
3. Espresso unterheben.
4. Kalt stellen.

CAFÉ AMARILLO

ZUTATEN:
1 Espresso, 1 Eigelb, 1 EL Zucker, Vanilleeis, 20 ml Milch, 1 bis 2 Eiswürfel

ZUBEREITUNG:
1. Espresso zubereiten und abkühlen lassen.
2. Eiswürfel gemeinsam mit Espresso, Eigelb, Zucker und Milch in den Mixer geben und gut durchmixen.
3. Eis in eine Servierschale geben und das Gemisch darüber gießen.

CAFÉ EXOTICA FÜR 4 PERSONEN

ZUTATEN:
2 Espressi, 20 ml Erdbeermark, 1 unbehandelte Zitrone, Mangosirup, 5 Eiswürfel

ZUBEREITUNG:
1. Erdbeermark, Mangosirup, einen Spritzer Zitronensaft und Eiswürfel in einen Becher geben.
2. Espressi über die Eiswürfel in den Becher fließen lassen.
3. Die Mischung mixen, bis sie schaumig wird.
4. In einem Cocktailglas servieren.

TIPP: Besonders gut sieht es aus, wenn man die Zitrone in Scheiben schneidet und eine Scheibe zur Deko an den Rand des Trinkgefäßes steckt.

CAFÉ DEL TIEMPO

Der Café del tiempo (= „Wetterkaffee") ist auch unter dem Namen Café con hielo (= „Eiskaffee") zu finden.

ZUTATEN:
1 doppelter Espresso, 1 TL Zucker, 3 bis 4 Eiswürfel, 1 Zitronenscheibe

ZUBEREITUNG:
Normalerweise werden Espresso, Zucker und die Eiswürfel mit Zitrone separat serviert. Im Café süßt der Gast seinen Espresso nach Belieben und gießt ihn anschließend selbst über die Eiswürfel.

CAFÉ FRAPPÉ

Das inzwischen allseits beliebte kalte Kaffeegetränk wurde um 1957 in Griechenland erfunden. Das Wort frappé ist Französisch und bedeutet „schütteln".

ZUTATEN:
1 gehäufter TL Instant-Kaffeepulver, 1 TL Zucker, 20 bis 30 ml Wasser, 3 Eiswürfel

ZUBEREITUNG:

1. Instant-Kaffeepulver und Zucker in einen Mixbecher geben und mit Wasser auffüllen.
2. Flüssigkeit schaumig mixen und in ein Glas füllen.
3. Mit Eiswürfeln auffüllen..

TIPP: Um aus dem Frappé einen Frappuccino zu machen, können noch Milch oder eine Kugel Vanilleeis hinzugegeben werden.

CAFFÈ LECCESE

Die Spezialität Caffè Leccese stammt von der Halbinsel Salento aus der italienischen Region Apulien.

ZUTATEN:
1 Espresso, 3 EL süße Mandelmilch, 5 Eiswürfel

ZUBEREITUNG:

1. Espresso zubereiten.
2. Mandelmilch und Eiswürfel in ein Glas geben.
3. Espresso langsam darüber gießen, sodass ein Farbverlauf entsteht.

DALGONA KAFFEE

Dalgona Kaffee („geschlagener Kaffee") stammt aus dem südchinesischen Macau und hat sich über Südkorea in alle Welt verbreitet.

ZUTATEN:
1 EL Instant-Kaffeepulver, 1 EL Zucker, 1 EL kochendes Wasser, 200 ml Milch

ZUBEREITUNG:

1. Alle Zutaten außer die Milch in den Mixer geben und gut durchmixen.
2. Milch erhitzen.
3. Milch in ein hitzebeständiges Glas geben und die Instant-Kaffeemischung darauf geben.

EISKAFFEE

ZUTATEN:
200 ml Kaffee, 1 TL Zucker, 2 Kugeln Vanilleeis, 50 ml Schlagsahne

ZUBEREITUNG:

1. Kaffee zubereiten, in einen Becher füllen, mit Zucker süßen und abkühlen lassen.
2. Kalt stellen.
3. Sahne steif schlagen.
4. Vanilleeis in den Kaffee geben und Sahnehäubchen oben aufsetzen.

FRAGOLINO

ZUTATEN:
100 ml Kaffee, 80 ml Erdbeermark, Schlagsahne, 5 Eiswürfel

ZUBEREITUNG:
1. Kaffee zubereiten und abkühlen lassen.
2. Gemeinsam mit Erdbeermark, Schlagsahne und Eiswürfeln in einen Mixer geben und gut durchmixen.
3. In einem Glas servieren.

ICED CARAMEL MACCHIATO

ZUTATEN:
1 Espresso, 150 bis 200 ml Milch, 1 EL Vanillesirup, 1 bis 2 EL Karamellsirup, 5 Eiswürfel, nach Belieben Schlagsahne

ZUBEREITUNG:
1. Espresso zubereiten und abkühlen lassen.
2. Vanillesirup in ein Glas füllen und Milch hinzugeben.
3. Eiswürfel dazugeben und Karamellsirup darüber laufen lassen.
4. Nach Belieben Schlagsahne auf das Getränk geben und mit Karamellsirup verfeinern.

ICED COFFEE

ZUTATEN:
1 Kaffee, 6 Eiswürfel

ZUBEREITUNG:
Kaffee zubereiten und über die Eiswürfel gießen.

KAFFEE-BANANEN-SMOOTHIE

ZUTATEN:
1 Espresso, 200 ml Milch, 1 Banane, 1 TL Zimt

ZUBEREITUNG:
1. Espresso zubereiten und abkühlen lassen.
2. Gemeinsam mit Milch, Banane und Zimt in einen Mixer geben und zu einem cremigen Smoothie pürieren.

SPEISEN UND DESSERTS

KAFFEEKUCHEN

ZUTATEN:

- 250 g Butter
- 250 g Zucker
- 1 Päckchen Vanillezucker
- 250 ml Kaffee
- 4 Eier
- 1 Päckchen Backpulver
- 350 g Weizenmehl
- 50 g Kakaopulver (100 % Kakao)

ZUBEREITUNG:

1. Form mit Butter einfetten.
2. Ofen auf 160 °C Umluft oder 180 °C Ober-/Unterhitze vorheizen.
3. Butter, Zucker und Vanillezucker verrühren.
4. Eier unterrühren.
5. Mehl, Backpulver, Kakao und Kaffee hinzugeben und verrühren.
6. Teig in die Form geben und für 45 bis 60 Minuten im Ofen backen.

KAFFEEMARINADE

Die Marinade eignet sich beispielsweise zum Braten oder Grillen von Steaks.

ZUTATEN:

- 1 EL frisch gemahlenes Kaffeepulver
- 1/2 TL rosa Pfefferkörner
- 1/2 TL schwarze Pfefferkörner
- 1 EL Rohrzucker
- 1 Zweig Thymian
- ein paar Blätter Oregano
- ein Zweig Rosmarin
- etwas Zitronenabrieb einer unbehandelten Zitrone
- 4 EL Sonnenblumenöl

ZUBEREITUNG:

1. Pfefferkörner, Thymian, Oregano, Rosmarin zerkleinern.

2. Alles gut vermischen.

KAFFEESOßE (SÜß)

Für Desserts wie Panna Cotta.

ZUTATEN:

1 Espresso, 50 g Zucker, 50 g Schokolade, 50 ml Sahne

ZUBEREITUNG:

1. Zucker in den Espresso einkochen.

2. Schokolade und Sahne einrühren.

KAFFEESOßE (HERZHAFT)

ZUTATEN:

- 15 g Butter
- 15 g Weizenmehl
- 150 ml Milch
- 50 ml Sahne
- 1/2 TL frisch gemahlenes Kaffeepulver,
- Muskatnuss
- Salz

ZUBEREITUNG:

1. Butter im Topf zerlassen.

2. Mehl gut einrühren.

3. Langsam die Milch und die Sahne unter Rühren hinzugeben, sodass eine Soße entsteht.

4. Soße mit dem Kaffeepulver, Muskatnuss und Salz abschmecken.

KÜRBIS-KAFFEE-SUPPE

ZUTATEN:

- 300 g Kürbis (z. B. Hokkaido oder Butternut)
- 1 große Zwiebel
- 2 Karotten
- 30 g Butter
- 100 ml Wasser
- 4 EL frisch gemahlenes Kaffeepulver
- 1 l Gemüsebrühe
- 50 ml Sahne
- Salz
- Kürbiskerne
- etwas Öl

ZUBEREITUNG:

1. Kürbis in kleine Stücke schneiden, kochen und pürieren.

2. Karotten schälen, Zwiebel schneiden und beides gemeinsam mit dem Kaffeepulver in der Butter andünsten, anschließend passieren und zum Kürbis geben.

3. Alles zusammen mit Gemüsebrühe und Sahne aufkochen und gut umrühren.
4. Mit Salz abschmecken.
5. Kürbiskerne mit etwas Öl in der Pfanne anrösten
   und als Topping auf die Suppe geben.

TIRAMISU

ZUTATEN:

- 200 ml Kaffee oder Espresso,
- 4 frische Eier,
- 1 Prise Salz,
- 70 g Puderzucker,
- 300 g Mascarpone,
- 3 cl Amaretto,
- 200 g Löffelbiskuits,
- 3 EL Kakaopulver

ZUBEREITUNG:

1. Kaffee oder Espresso kochen und abkühlen lassen.
2. Eier trennen.
3. Das Eiweiß mit dem Salz steif schlagen.
4. Eigelb mit dem Puderzucker cremig schlagen und den Mascarpone einrühren.
5. Den festen Eischnee unter die Eigelb-Mascarpone-Masse heben.
6. Kaffee/Espresso mit Amaretto verrühren.
7. 100 g Löffelbiskuits in den Kaffee tauchen und anschließend in einer Schale auslegen.
8. Die Hälfte der Eigelb-Mascarpone-Creme darauf verteilen.
9. Die andere Hälfte der Löffelbiskuits auslegen.
10. Den Rest der Creme darauf glatt streichen.
11. Tiramisu mit Kakaopulver bestreuen und kalt stellen.

TIPP: Am besten schmeckt ein Tiramisu, wenn man es über Nacht durchziehen lässt.

IMPRESSUM

ISBN 978-3-9824292-0-5

Autor wird vertreten durch:

SanApta Verlag
Bliggergasse 5
69239 Neckarsteinach

Covergestaltung und Konzept: Denise Gahn
Kontakt: denisegahn@gmx.de · denisegahn.com

Jahr der Veröffentlichung: 2022